U0730862

BATA: JOŠ OVAJ PUT

# 永远的"瓦尔特"
## ——巴塔传

[塞] 拉德米拉·斯坦科维奇 等◎著

彭裕超◎译

人民出版社

# 出 版 前 言

　　2016 年 6 月，习近平主席在与塞尔维亚总统尼科利奇会谈时说："《瓦尔特保卫萨拉热窝》、《桥》等南斯拉夫电影曾在中国热映，激荡人们的爱国情怀，伴随着我们这一代的青年时期。" 20 世纪 70 年代，南斯拉夫电影《瓦尔特保卫萨拉热窝》在中国上映，"瓦尔特"抗击侵略、保卫祖国的反法西斯战斗英雄形象，成为那一代中国观众的共同记忆，激发了无数中国人的爱国热情。"瓦尔特"的扮演者巴塔·日沃伊诺维奇也赢得了无数中国观众的喜爱。

　　巴塔是前南斯拉夫和塞尔维亚最具影响力的电影演员。他 1933 年出生于乡村，自中学起学习表演直至大学毕业。当过戏剧演员，后投身影视拍摄，职业生涯长达半个多世纪，总共拍了 350 部电影，塑造了数百个艺术形象，铸就了塞尔维亚电影界的一代传奇。伴随着《瓦尔特保卫萨拉热窝》、《桥》、《瞬间》、《苏捷斯卡战役》等一系列具有国际影响力的电影作品，巴塔也为世界人民所熟知。更凭借《瓦尔特保卫萨拉热窝》数十年来在世界范围内尤其是中国的不断热映，巴塔成为了被"全世界最多人看过的演员"，超过了马龙·白兰度、理查德·伯顿、肖恩·康纳里等众多好莱坞巨星。

深受中国人民喜爱的"瓦尔特"也对中国怀有深厚感情，曾十余次来到中国，并多次在塞尔维亚会见中国客人。可以说，巴塔是中塞两国人民友谊的桥梁，见证了两国几十年间的友好往来。

本书是塞尔维亚的多位记者、电影人，通过采访巴塔的家人、朋友，整理他的各种访谈、录音而写成的一部独具特色的关于巴塔的传记。我们把它译为中文，并为本书补充了大量视频片段，就是想让广大中国读者通过书中一个个具体事例，大量巴塔的口述记录、影像资料，更加全面、深入了解在"瓦尔特"之外，一个伟大演员的勤奋、敬业和辛苦付出，感受他在影视形象背后的人格魅力和作为普通人的生活历程。

巴塔在五十多年的职业生涯中，用大量作品，记录了那个波澜壮阔的时代，也用自己的实际行动，为"瓦尔特"精神做了最好的诠释。如今巴塔已经离去，但他与"瓦尔特"一起，作为勇敢抗击外国侵略的爱国英雄象征，铭刻在了一代中国人的记忆深处，被永远地怀念。

人民出版社

2017 年 8 月

# 目录

2005 年，巴塔来的时候是夏天，所有人都穿着短袖。当我们在首都机场贵宾通道，看到他出现的时候，才觉得这不是一场梦，这是件真事。和机场联系的时候还费了点儿周折，难道小崔请的客人就要走贵宾通道吗？当然不是。但是，小崔这次请的是巴塔·日沃伊诺维奇。谁是巴塔·日沃伊诺维奇？就是瓦尔特。机场立马开了绿灯。

后来，跟巴塔聊起来，他一点儿都不意外。他说，在前南斯拉夫有人就开玩笑地叫他是中国电影明星。他说他在中国受欢迎的程度远远超过他在自己的国家。而中国人喜欢他，都是从那个电影《瓦尔特保卫萨拉热窝》开始的。虽然后面也有《桥》、《苏捷斯卡战役》等等，等等，巴塔出演的电影中国没少进，但最难忘记的还是《瓦尔特保卫萨拉热窝》。

这片子上映的时候，你都难以想像火爆到什么程度。

街头两个男孩一言不合要动手，把书包扔到地下，动手之前都要大喊一声，我要让你尝尝我的瓦尔特拳。其实，如果你真看过这部电影，你真看过瓦尔特拳，你就知道瓦尔特如果实战，肯定打不过甄子丹，也打不过李连杰。但是，他偏偏就能打倒德国鬼子，无论是打拳，还是打枪。出演瓦尔特时候，巴塔已经40岁了，他的瓦尔特拳演得虎虎有生气。但是，毕竟是一个40岁的瓦尔特，两拳之间的间歇，怎么都足以让德国鬼子作出反扑。但是，没有，德国鬼子就在那儿等着挨打。如果在一般的影片里，这已经是个明显的破绽了。但是，所有观众都瞪大眼睛，陪着德国鬼子在那儿等着，准备迎接瓦尔特狠狠飞来的第二拳。

　　这部电影在中国上映的时候是1973年。不用多说，谁都知道，那是一个压抑和寂寞的年代。能看的电影基本都是高大全，男人没有老婆，女人倒像个男人，个个红光满面，不食人间烟火。国产战争片里一有战斗任务，所有的干部战士都争相做第一梯队，阵地上边打边开玩笑，感觉他们不是在打仗，而是在打CS。把战争的残酷用过于绚烂的方式表现出来，培养了一批直到今天还嗷嗷好战的观众。其实，他们只要听一声真正的枪响，就会从梦里醒来。战争是残酷的，哪怕不是在战场上，战争对每个人来说，都会像一场噩梦。《瓦尔特保卫萨拉热窝》的导演克尔瓦瓦茨曾经说过，"一战"的时候，他还很小，回家的时候走过躺在地上的伤兵，忽然会有一个伤兵扯着他的衣角。他回头一看，那些苍白惨淡的脸，白的如鱼眼一样的眼睛，让他惊恐不已。

我从小就是个影迷，当我做《电影传奇》的时候，总是在想，应该把自己儿时崇拜的偶像一一地都见一遍，所以就在国内疯狂地寻找和奔跑。其实，儿时的偶像大多已经白发苍苍了，早没了当年的美丽和帅气。但是，在我看来，他们和当年一样，一点儿都没有变化，甚至脸上一条皱纹都没有增加。当我和自己儿时的伙伴说，我现在已经和曾经崇拜的偶像成了朋友，我会和儿时的玩伴一起浑身颤抖起来。

事儿，总是越做越大；梦，也是越做越深。我忽然产生了一个念头，要去朝鲜、罗马尼亚、阿尔巴尼亚、前南斯拉夫，要把当年在电影上看到的那些外国偶像也都看一遍。联络费了一番周折，当我们拿齐了签证以后，我又因为有公务在身，无法出发了。我们的采访团队去了南斯拉夫，但是这个美丽的地方已经叫前南斯拉夫了。现在，它是六个国家，而他们之间又有微妙的关系。

回来之后，我们的首席记者甚至说，当他们坐着出租车从这个国家驶往那个国家的时候，出租车司机明显不在状态，他很紧张。分裂后的国家自成体系，过去的兄弟和同胞，现在甚至成了仇人。过海关的时候，看到我们的摄像机，海关人员马上就问，你们是来采访瓦尔特的吧？

不知道为什么他们猜得那么准。也许，来的每一个中国人，只要拿着摄像机都是来采访瓦尔特的，只要拿着照相机都是来和瓦尔特合影的。起码在中国，《瓦尔特保卫萨拉热窝》和《桥》这两部影片就这么有名。我知道的数据是《瓦尔特保卫萨拉热窝》在世界105个国家上映过。有些国家的人，是先知道瓦尔特，后知道南斯拉夫的，所以他们也戏称为瓦尔特外交。而《桥》上映过的地方就更多。据说，全世界只有4个国家没有上映过这部电影，这真是奇迹了。

物是人非了，当我们和前南斯拉夫电影代表团的朋友们围成一桌准备吃饭的时候，端起酒杯，巴塔脸上显得很沉重。他说："谢谢小崔，谢谢你把我们请到中国来。你可能不知道，我们现在分属不同的国家。因为各种各样的原因，我们彼此都不能联络，不能在一起吃饭，甚至不能见面。感谢你把我们请到了中国，坐在这个圆桌前一起吃饭。其实，吃什么不是那么重要，能坐在一起才是最重要的。"这样的开场白，很是让人沉重。本来准备好的自己追星的故事，一个没讲。我们只是静静地吃饭，我们也很少说话，把时间留出来，让这些近在咫尺，甚至不能电话联络的朋友，在异国他乡敞开心扉，好好地聊一聊。

就是在这次聊天中，我知道《瓦尔特保卫萨拉热窝》的编剧萨沃·普列达，因为电影拍摄完，电影厂就倒闭了，所以他至今没有拿到稿费。但是，他手里有一把小巧的手枪，这个手枪是瓦尔特用过的。不是道具，是真正的瓦尔特用过的手枪。他们聊起了克尔瓦瓦茨，这个充满智慧的大导演。在拍摄完这些影片之后，南斯拉夫陷入了内战。而后，又遭受了北约的狂轰滥炸。你想不到克尔瓦瓦茨大导演最后的结局是一个什么样的情节。是他在萨拉热窝的家里，饿死了。

这就是战争，这就是真实的战争。当然在电影里，我们可以让瓦尔特无所不能。他甚至可以从空中接到德国人扔过来的手榴弹，然后又扔回去。手榴弹准准地在德国人当中爆炸，德国人从房顶上被炸得飞到地下，瓦尔特面露微笑。而真实的瓦尔特，在萨拉热窝解放的前一天，踩中地雷牺牲了，那一年他才 25 岁。这个神出鬼没的游击队员，一会儿扮装成妇女、一会儿扮装成老人、一会儿扮装成乞丐，谁也不知道他手下有多少兵，谁也不知道他下一步的计划是什么。但是，连德国人都知道，有一个真真实实的游击队员，他的名字叫瓦尔特。他让德国人心乱如麻，无可奈何。

现在，萨拉热窝有瓦尔特大街，瓦尔特大街的尽头有瓦尔特的雕像。25 岁的瓦尔特紧锁眉头，头并没有高昂着，而是深深地低下，他好像是在找寻着什么，又好像是在思考着什么。我们不知道用什么来纪念 25 岁的瓦尔特。倒是电影里德国党卫军上校冯·迪特里施，那句台词真的漂亮，他说："萨拉热窝，这座城市，他——就是瓦尔特。"

记得临走时，我们一起喝酒。巴塔坐在我身边，他已经把我完全当作他的朋友。他把我拽到一边，叫来了翻译。跟我说，你不要相信那些南斯拉夫人，他们要跟你合作这个合作那个，就是为了要拿你的钱，他们什么都没有，你千万不要相信他们。我看着他真挚的眼神，真不知如何回答。其实，在我的设想里，我真的想拍一部叫《瓦尔特在中国》的电影。我希望男主角就是巴塔和我，不管是古代、近代，还是当代，我都希望我和巴塔能度过一个传奇、充满刺激的年代。

去年，我听说了巴塔身体欠佳的消息。正在为他担心着，就传来了他远赴天堂的消息。那天晚上我心里很难受，但是，没有眼泪。这一夜，脑子里一直回响着电影《瓦尔特保卫萨拉热窝》和《桥》的音乐及插曲。我想着里面的台词和歌词，"空气在颤抖，仿佛天空在燃烧。""是啊，暴风雨来了。""我十分想见瓦尔特。谁活着，谁就能看见。""如果我在，战斗中牺牲，请把我埋葬在山岗。把我埋葬，在山岗上面，再插上一朵美丽的花。"

是为序。

崔永元

2017 年 7 月 8 日

# 序言

## 将被时代铭记的巴塔

1958年初，我开始准备电影《土地》的制作，这部电影后来改名为《没有时间表的列车》。我去到贝尔格莱德，与奥利维拉·马尔科维奇见面，想邀请她出演片中伊卡这一角色。奥利维拉很喜欢这个角色。我们商量好了，正准备签合同。忽然之间，当我们正在"红十字"剧院中的餐厅里聊天的时候，一名高大英俊的年轻人进来了，远远地朝我们这边高兴地喊道："你好呀！奥利！"他和奥利维拉亲切地说了几句话。

这位年轻人就是巴塔·日沃伊诺维奇。他笑容迷人，眼睛炯炯有神，给人的印象很好。

奥利维拉请他过来和我们一起坐，很快我们就愉快地交谈起来了。我告诉他,我正在准备我的第一部电影,想请他到萨格勒布来试镜。

他没有问我给他安排的是什么角色,开口就说道:

"告诉我,有人给我买车票吗,是不是还能给我一点津贴?有的话,我就来!"

在贝尔格莱德见面的 15 天之后,巴塔真的来萨格勒布试镜了。他已经读了剧本,我让他试演片中的男主角——殖民者杜亚。试镜大概持续了一个小时,之后我当机立断,让制片人跟他签了合同,就这样,我给巴塔安排了一个主演角色。

出演《没有时间表的列车》一片之后,巴塔在影视业站稳了脚跟,成为了大受欢迎的演员。我跟巴塔的合作很愉快,在《没有时间表的列车》之后,我们又陆续合作了《战争》、《沸腾的城市》、《山羊圈》、《应许之地》、《内雷特瓦》、《高压》、《太阳的瞳孔》和《大转移》等影片。

也许,他在《应许之地》中所饰演的角色是他诠释得最好的角色之一。

《没有时间表的列车》和《山羊圈》之后,巴塔成为最炙手可热的南斯拉夫演员,片约接踵而至,巴塔从不拒绝,一一应接。

巴塔在《繁华都市》一片中的演技,可以说是炉火纯青。很多人把这部片看作是我的最佳作品,而把当中的角色看作是巴塔演过最好的角色。我敢说,巴塔所塑造的那一个屡教不改的骗子、贪图美色的流氓——钳工卢克的形象，是这片土地电影历史上最成功的人物形象。他解读剧本的能力很强，马上就能理解剧本中的想要表达的一切；他对自己的角色深入思考，力求从多个角度完美地把握好表演的分寸。他还很善于同演员搭档沟通交流、互相促进，从而保障了表演的品质。

同时，巴塔非常专业，他喜欢和演员们交流，尤其是年轻演员。

有一件事情让我印象很深刻。有一天我们正在拍戏的时候，有人来告诉我们，说巴塔的妻子卢拉刚刚生下了一个男孩。

巴塔跟我拥抱在一起。

"你知道我准备给孩子起什么名字吗？米利科！就跟你父亲的名字一样！"

在 20 世纪 90 年代，战争的苦难时期，我曾经是"利贝塔斯"护航队组织委员会中的一员，我们的任务是突破南斯拉夫人民军海军对杜布罗夫尼克城市的包围和封锁。护航队以"斯拉维亚号"大船为主，还有另外 60 多艘小型船只，共有船员 700 名。我们在意大利、法国等其他国家，以及贝尔格莱德发起了签名支持活动。我联系了米尔雅那·卡拉诺维奇和柳比舍·萨马尔季奇，他们立即对我们的护航队表示支持。但是我们无法联系上米莲娜·德拉维奇。最后我决定打电话给巴塔，尽管我知道他与米洛舍

3

维奇关系亲密，或许对我们的行动有所抵触。那段时间他甚至还从政了。不管怎样，我都给他打了电话。

"我知道你站在另一阵营，但是这事关重大，我们的护航队要帮助杜布罗夫尼克突破封锁。也许米洛舍维奇会因此而为难你，但是，巴塔……"

他打断了我的话，用塞尔维亚语破口大骂：

"去他的吧，米洛舍维奇，我一定支持你们。我怎么会不支持你们呢?!"

巴塔就是这样痛快的人。

他光彩照人的性情，使一切言语都黯然失色。

1996年，欧洲反法西斯电影节在意大利城市库内奥举行。担任影片评委会主席的是著名意大利导演卡罗·里查尼。我导演的电影《凝视太阳的瞳孔》是参评影片之一。在电影节即将闭幕之时，里查尼确定地对我说，评委会决定把最佳导演奖颁给这部电影，但是，评委们无法就最佳男演员的奖项的归属问题达成一致。最终，他们把最佳男演员的奖颁给了法国演员阿兰·德龙。不过。还有另外一个同等分量的奖项，由《凝视太阳的瞳孔》的两位主演进行竞逐：巴塔和安东·纳里斯。巴塔在片中饰演了伤寒病患者、水手莫尔纳，而安东·纳里斯饰演的是萎靡不振的姆罗哈夫。

我把这件事告诉了巴塔，他毫不犹豫地让我跟里查尼说，将这个奖颁给纳里斯。

"我一切都顺风顺水的，很多人找我拍戏，身上片约很多，我不需要拿奖。但是小东（指安东·纳里斯）过去的四年都没有接到片约，好不容易才有机会演了这部电影。在过去的四年里，小东只接到一个鞋油的广告，而且演的是耶拉西奇广场（位于克罗地亚首都萨格勒布市中心）上的小擦鞋工，这个奖对他和他的事业来说，至关重要。"

就这样，纳里斯跟阿兰·德龙一起，分获了电影节的两个最佳男演员奖。

巴塔是个完美主义者，跟巴塔合作拍电影，我们总是需要把同一场戏重复拍两到三遍。有的甚至要重复四到五遍。最离谱的一次，我们重复拍了 24 次，那是电影《繁华都市》中的一场戏。

当时我们在泽尼察拍摄，整个电影团队都住在了租来的私人公寓里，因为当时市里还没有酒店。在电影中，我给我 13 岁的侄子瑟尔加·巴比奇安排了一个角色。在拍摄期间，他和巴塔同住一屋。有一场戏是讲"钳工卢卡"的妻子，带着两个孩子翻越千山万水来找他。儿子们已经很多年没有见过自己的父亲了。当他见到父亲时，一个儿子当着众人的面扇了自己父亲一巴掌。

问题究竟出在哪里呢？巴塔和饰演儿子的瑟尔加经常在一起，他们都混得太熟了。等到要拍这场戏的时候，小瑟尔加完全下不去手。他只是轻轻地用手扫过巴塔的脸。我们重拍了好几次，仍然无法捕捉到理想的画面。我坚持要拍到好为止，但是后来又拍了几次，依然没有成功，无可奈何。后来，巴塔甚至求"儿子"瑟尔加狠狠地打下手去。直到拍 24 遍的时候，才最终达到预期的效果。这场戏无论对巴塔，还是对他的"儿子"瑟尔加来说，都"刻骨铭心"。之后的两三天，巴塔的脸上依然还有红红的手印。

关于巴塔，还有另外一件事。

有一次我接到一个电话，对方的声音在我听来像是一个来自扎戈耶的老人。

"韦利科先生，是您吗？我在兹维兹达给您打电话……巴塔先生让我带三瓶葡萄酒去萨格勒布给您……他在扎戈耶拍一部叫《马蒂亚·古贝茨》的电影……我们是在科拉宾斯基温泉的咖啡馆里认识的，他来这里跟我们这些农民聊天，为的是学讲扎戈耶方言。我十几分钟后就到您那里，您到门口来拿一下东西吧。"

几分钟之后，门铃响了。我打开门，门外站的却是巴塔本人，他说：

"怎么样，把你给吓住了吧？我学会了扎戈耶口音，明天开机拍摄。"

对于巴塔·日沃伊诺维奇这样伟大的演员，还需要说些什么呢？

我从来没有见过他孤身一人。他身旁总是有一堆人簇拥着他，他太有魅力，太幽默了。他是一个心地非常善良的人，做事谨慎，举止文雅，待人有礼。我敢说，"巴塔"是我们电影业当中最响当当的名字。从他饰演过的角色当中，我们可以读到我们的每一个时代。像他这样伟大的演员，一定将被时代所铭记。

我希望我能够为巴塔·日沃伊诺维奇这一位纯粹的演员做点什么。他的表演艺术可以说是与时俱进的，从未落后于时代的步伐。他所饰演过的角色深入人心、有血有肉、动人心弦，将在我们的心中永存，鼓励着新一代的年轻人，有朝一日走上演艺道路。

这本书有着非凡的价值，它不仅是一部关于巴塔表演艺术的研究，更是一部通过巴塔的角色来描绘的时代历史。我确信，读者会被它深深吸引。在此，特别感谢出版者，为此书的面世投入了大量专业的工作。

导演　韦利科·布拉伊奇

2016 年写于萨格勒布

第一章

# 年 少 时 光

# 日沃伊诺维奇家的
## 第五个孩子

　　巴塔的祖辈们为了躲避种族间的"血仇"而把姓氏从"日沃因"改为了"日沃伊诺维奇"，并从科索沃搬到了克斯玛依山下的科拉契察这个小村庄，这个地方也成为了巴塔的老家。

　　巴塔的外祖父一战时期到希腊萨洛尼卡前线作战，再也没有回来。他的外祖母塞莱娜一共生育了八个孩子，全由她一人独自抚养长大。

　　巴塔的父亲和母亲分别叫德拉戈柳布和提奥萨瓦，他们都来自科拉契察这个小村庄。

　　巴塔父母的第一个孩子名字叫做米奇科，但不幸夭折了。第二个孩子是个女孩，叫做纳德日达，第三个孩子也是女孩，叫做斯坦尼斯拉娃，第四个孩子还是女孩，叫做维尼察。1933年6月5日，巴塔出生在一辆停靠在亚戈蒂那的火车上，他是家里的第五个孩子，也是唯一的男孩。作为最小的孩子，"巴塔"（意为小弟）只是一个昵称。关于这个小名，还有不少趣事，后文再叙。

这家人曾经共同生活的那座房子，现在还依然能找到，那是一座很老的泥房子。巴塔后来在家乡科拉契察盖了自己的房子，他把自己的房子建在了教堂边上一块属于他父亲的土地上。

巴塔的父亲是一名法院职员，经常要到不同的地方工作，因此整家人要跟着他在塞尔维亚全国到处搬家。这样的家庭，生活的重担只会落在女性的肩上。

巴塔的母亲，在战争前还曾经是当地共产党组织的领袖！巴塔的一位姨妈在马其顿不幸被枪杀。那位姨妈当时正在为游击队工作，但是有游击队员发现，她为了生计，与"切特尼克"①成员有过交往，因此把她枪杀了。

人生如戏。当时的普通百姓每天要给"切特尼克"上交新鲜的烤肉，巴塔的父亲为这样的负担感到厌恶至极。1942 年的一天，他上交了死羊的肉。第二天，"切特尼克"成员食物中毒了。这座村子炸开了锅。邻居们让巴塔的父亲躲在家里不要出来。父亲连忙收拾好行李，当天就带着全家人偷偷地离开了村子，来到了贝尔格莱德。

全家人来到了贝尔格莱德的弗拉查尔的萨瓦·科瓦切维奇大街 27号的房子里。这也就是今天的米勒舍夫斯基大街。

---

① "切特尼克"，意为"军事部队"，源自于反抗奥斯曼的塞尔维亚与马其顿部队，是第二次世界大战期间于南斯拉夫地区活动的抗德游击部队。他们另一个名字是：南斯拉夫祖国军（Jugoslovenska vojska u otadžbini，JVUO）。1941 年 4 月轴心国军队进入南斯拉夫，佩塔尔二世流亡希腊后不久，当时仍是陆军上校的德拉戈柳博·米哈伊洛维奇，集合仍留在南斯拉夫境内各地抵抗德军的散落部队，组成切特尼克部队。这支部队主要由塞尔维亚人与黑山人组成，效忠于南斯拉夫皇室，在 1943 年以前受到英国的支持，被视为是同盟国的作战部队。战争初期 6 个月，切特尼克部队与铁托领导的南斯拉夫人民解放军协同作战，但是后来由于目标不同而分道扬镳，进而相互攻击。——译者注

◇ 巴塔的父亲和母亲（1927 年）

"我母亲曾经在造币厂工作，当文员。她是个很勤快的女人，是位称职的母亲。战争时，贝尔格莱德沦陷了，在严寒的冬天里，她一个人坐着货车去农村里为我们买食物。母亲是我们的一切。我非常爱她，常常逗她开心。我叫她——瓦砖。多亏了母亲的坚强和能干，我们几个孩子都得以读完大学。"

到了 70 岁，坚毅的母亲也逃不过病魔的纠缠。她患上了糖尿病。

"我记得，那时候她 74 岁了，当时我正在拍戏。柳比沙·萨马尔季奇走过来对我说，有人打电话来说我母亲快不行了。我什么都来不及做，第二天一早，她就去世了。葬礼在乡下（科拉契察）举行。"

巴塔的父亲从此孤身一人，妻子的去世对他打击很大。他回到了乡下科拉契察住，每天照料着一大片葡萄园，这些葡萄是当时修建房子的时候就种下了的，用这些葡萄，他总共酿了 600—700 升的红酒。

在妻子去世八年后，巴塔的父亲也去世了。他是在自己家门口中风而死去的。

## 战火中的童年

巴塔在家乡科拉契察接受了教会的洗礼,这件事被白纸黑字记录下来。所以,很多的书都说巴塔在科拉契察出生。他在科拉契察的乡下度过了童年,上了小学。他就读的小学创办于 1860 年,离他家仅有 100 米的距离。由于在家里无人陪伴,1938 年,巴塔 5 岁就开始上学了,因此读了两次一年级。

巴塔小时候,有一辆载着赶路避难的希腊异见人士的火车经过姆拉德诺瓦茨。一个名叫尼古拉的 18 岁男孩从火车上跳了下来。后来他就留在了村子里。巴塔认识他以后,跟着他一起度过了很多时光,陪他走到离家好几公里远的草场去放羊。他们就这样,放着羊躲过了发生在塞尔维亚的一些战事。整个村的村民一起保护着这个希腊人。希腊人尼古拉十分英俊,俘虏了很多少女的芳心。尼古拉风流倜傥的模样,潜移默化地给年少的巴塔带来了一些影响。

当时巴塔年仅 8 岁。

"我对'切特尼克'和游击队的印象都非常深,他们之间的恩恩怨怨,不是三言两语可以说清楚的。有一年冬天,一名叫做德拉扎·马尔科维奇的年轻游击队员来到我们村里。与此同时,我还记得我看见过一名叫做卡拉比奇的'切特尼克'。他们都在找可以舒服过冬的房子。"

巴塔还曾在自家的院子里目击了一场残忍的屠杀:"切特尼克"把一名小男孩指认为游击队的通信员,并将其杀害。巴塔说,他一辈子都无法忘记那一幕,那一幕就像是有人导演的一样,那个小受害者的家人只能在一旁看着。

巴塔的祖父为了纪念那个小男孩,在那场悲剧的事发地点种下了一棵樱桃树。树上结出的果子,从来没有人去摘。

"'切特尼克'和游击队的战斗场面血腥惨烈,在我脑海中的印象非常清晰,非常生动鲜明。因此,去演他们中任意一方,对我来说都不是难事。尽管人们都称我是游击队典型演员,但是我也有演过'切特尼克'。"

二年级的时候,巴塔在斯梅德雷斯卡·普兰尼查上学。三年级时,他转到了在姆拉德诺瓦茨的学校。四年级的时候,巴塔随家人搬家来到了贝尔格莱德。

巴塔在回忆童年的时候说道:"我几乎读遍了贝尔格莱德所有的小学,我曾经转过七次学。我之所以要不断转学,是因为我不想辍学。因为当时没有学习的条件,贝尔格莱德依然被占领着,每一家学校都朝不保夕。"

其中还有一年,巴塔是在一家叫做"穆萨"的咖啡馆上的学。读完中学三年级后,巴塔拿到了私人家教毕业证书。

"我小时候很调皮。我的父母要进城办事的时候，就把我锁在家里。我让我的姐姐给我弄一条绳子，我就顺着绳子爬到街上去玩。有一次，我从三楼直接往下跳。院子里有一个冷杉树，我正好落在了树上，树的枝叶把我刮得皮开肉裂。"

巴塔家对面就是警察局。当时警察局门口的值班室门前放着很多大块的木头和柴。孩子们为了给家里取暖，到处偷木头和柴。孩子们就连警察局门口的柴都敢偷。

1944 年底，贝尔格莱德解放后，装着人道主义救援物品的大卡车开进了巴塔居住的萨瓦·科瓦切维奇大街。由于大街被炸弹炸得面目全非，卡车经常因被堵住而减慢速度。

"我们等车开到'红十字'街区，趁车停下来时，我们爬上车，把车上装着糖果、食物和香烟的包裹悄悄地抛下来，有人在两侧接应着。我们就这样日日夜夜着带着大袋子去装这些战利品。我们如此大摇大摆，却没有引起开车的人察觉。"

村子里以前是没有电影院的，到了贝尔格莱德之后，巴塔所去的第一家电影院叫做"10 月 20 日电影院"。巴塔说，他跟着人往"10 月 20 日电影院"走去。当时他并不知道那是一家电影院，更不知道何谓电影院。

"我坐在第一排椅子前面的地上，因为这些位子不用买票。我喜欢看美国西部牛仔电影。之后我去得越来越频繁，不过我只是去看而已，从没想过自己会干起电影的行当来。"

# 跟德国人踢足球的
南斯拉夫少年

　　自从 1942 年巴塔从克斯玛依山下的科拉契察小村庄来到贝尔格莱德之后，就搬过四次家。他曾经住过波德林斯卡大街（以前叫做拉迪沃伊·卡拉奇街），青少年成长时期住在米勒舍夫斯卡大街，之后又在国际部队大街暂住过一段时间。最后他搬到波扎雷瓦茨卡大街，住进了德拉甘·尼克里奇曾经住过的公寓楼，那条街上有一家著名的餐厅——贝万达餐厅。

　　贝尔格莱德的街道都是既美丽又丑陋的。巴塔说过，米勒舍夫斯卡大街对他有很深远的影响，其中最重要的一点是：这条街曾经救过他的命！

　　他从萨瓦·科瓦切维奇大街搬到米勒舍夫斯卡大街以后，在那里住得最久。他在那里成长、初恋和准备学业，米勒舍夫斯卡大街可以说是他生活的起点。这条街有着独特的美丽，成为了巴塔的庇护所。1944年，当英国人为赶走德军轰炸贝尔格莱德时，巴塔在这条街里躲过了密

10

集的炮弹，保住了性命。他跟父母一起住的房子，在轰炸中被夷为平地，地毯式的轰炸把这间可怜的房子炸得连地基都不剩。

巴塔幽默地说："也许就是从那时开始，我习惯了扔炸弹！在轰炸期间，我们在米勒舍夫斯卡大街27号的家对面的公寓，里面的床和病人一起被炸飞，直接落在了街上。那张床还好好的，但是那个人我就不知道了。"

巴塔认得各路军队。驻扎在卡连茨的是德拉扎·米哈伊洛维奇领导的"切特尼克"，而驻扎在米勒舍夫斯卡大街上的是德国人。当时的情况是这样的：

"我们经常在街上打发时间，我们就是这样学习，这样成长的。我们在米勒舍夫斯卡大街建起了贝尔格莱德的第一家轮滑俱乐部。当时俱乐部的地点在邮局里。我们跟德国人一起玩轮滑。"

这些孩子跟民兵警察们玩到一起之后，他们还建立了一个排球俱乐部。巴塔在那里找到了一些差事。

后来成为巴塔妻子的卢拉也生活在这片地区，他们两个在这里相识，并擦出了火花。

从那时起到今天，这条街里几乎没有什么变化，只是多了几栋新的楼房。贝尔格莱德剧院也设在这条街上，十几年来，这里的演出从未间断过。

但是，无论是哪一条街，不管里面有着什么样的楼房，设了什么机构，最终构成这些街道的，终究是生活在那里的人，以及他们的故事、命运和家族历史。

"'二战'期间，我年纪还小，没有参加过真正的战斗，但是我看到了战争最糟糕的一面——德国人在我家乡的村子里大肆杀戮，以及他们在贝尔格莱德的沃伊斯拉夫·伊里奇小学里的大屠杀。人们只要愿意，就能看到这样的场面，就像戏剧一样，在大街小巷随意上演。德国人在布勒瓦尔的学生公寓里杀死了苏联人的司令官，我目睹了后来苏联人为了报复，往德国敌人身上浇汽油，点火活活烧死。"

巴塔的生活经验逐渐累积起来，但是当时他仍分不清什么是好什么是坏，因为当时他的家庭生活在极度贫困当中。不管什么年纪的孩子，都被生活所迫，不得不去偷东西和抢东西，然后转手卖掉，从而维持着家庭的生计。

现在我们都知道这是犯罪，是为非作歹，但是在当时，是一场关乎生存的赤裸搏斗。什么东西都有人偷：木头、煤炭、食物、布料，再到联合国的包裹——这是一门"绝活"。在曾经的米勒舍夫斯卡大街，有一个宪兵站。宪兵们知道有人在偷东西，但是都睁一只眼闭一只眼。当时在贝尔格莱德买不到灯泡，有人发现了一个"致富"的办法。

"我们把路灯的灯泡卸下来，拿到作为二手市场的咖啡馆去卖掉。那些电灯泡是特制的，在正常的电压下只能亮个十几秒，仅仅够给在咖啡馆里试给买家看。"

驻扎在斯托扬·普罗蒂奇大街（现在叫博日达尔·阿吉亚大街）的德国人总是流连在咖啡馆里。那里是他们的生活中心。夏天的时候，他们脱掉制服，在街上跟小孩子踢球。"那些德国人不是士兵，我们跟他们交往过几年。他们和宪兵们给我们提供了某种程度上的帮助，算是养过我们。在当时，并不是所有的德国人都是一样坏的。"

"我还跟我的朋友们一起，到弹药库里偷火药，后来我们用这些火药做成了可以爆炸的东西，满城去放来玩，每天都到周围去吓人。我们在弹药库把裤子脱下了，裤脚打上结，把裤子做成袋子，然后拆开手榴弹，把火药倒到裤子里，直到倒满为止。当时还有一些专门用来吓人的特制子弹。后来还出现了一些可怕的小型机枪，还有会爆炸的圆珠笔。在我看来，这些都像是男孩的玩具……"

1944 年 10 月，贝尔格莱德终于解放了。"舞会"、"窄脚裤"、"人猿泰山的发型"、"鸡冠头的发型"、"和平鸽"以及其他的一切时代象征，不期而至，接踵而来。

"我们所有人都穿上了窄脚裤，穿这种裤子打架很方便。那是一个充满了误解的时代：有的年轻的公务人员以为，人们穿上窄脚裤，留起长头发，革命就会因此而失败。他们中的一些人甚至还去舞会上撕烂那些时尚人士的裤子。（他们今天会怎么做？）……另外一些与意识形态没有任何关系的年轻人，经常跟随着这些公务人员去攻击那些穿窄脚裤的人。他们的这些作为，仅仅是出于纯粹的无聊。"

从 15 岁开始，巴塔成为了住房部 4 区的通信员。

后来鸽子党成群结队地到来。

那些不养鸽子的人，不会被人看做是小混混。在那个时代，年轻人非常在意自己有没有被人看做是小混混。那些不是小混混的人——就不是人。这是巴塔成长所在的地方的人们的普遍认识。

"但是，我的朋友中没有人认真地审视这些'偶像'的影响……不，那个时代，没有半点事情是认真的。我虽然不是无业游民，但我也没有做成什么像样的事。"

现在有人对他说："您是大佬。"

巴塔在回忆中搜寻着:

"什么大佬啊!我们只是一群乡下孩子,我们都一样穷,经常坐在贝尔格莱德剧院门前的广场上打发时光。广场前面有一片玉米地。我有一张'菲利普·维舍尼伊奇'小学的照片。照片中有的孩子穿着从衣柜里翻出来的乱七八糟的衣服,而我剃光了头,穿着奇怪而色彩斑斓的'大裤衩'。但是,在学校里我一向都是个好学生。"

## "十字党"和小混混

　　在解放初期和平的环境里，第一代贝尔格莱德街头混混开始成长。塞尔维亚城市地下室的传说开始流行起来，年轻人当中出现了各种各样的帮派，比如"鸽子党"、"郊区龙"、"黄牛党"、"长毛党"、"拳头党"。他们都迷恋着冒险活动和黑帮活动，钟情于拳击和其他"世界性"的生活法则。他们在贝尔格莱德的穷困窘迫的环境当中，自娱自乐。

　　巴塔成长的那片区域叫做"红十字"街区。这片区域属于贝尔格莱德最发达的中心区之一的弗拉查尔。因此，生活在这一片的小伙子们被称为"十字党"，他们为自己的身份感到十分自豪。

　　"我们是'红十字'街区的守卫者。其他的小混混不可能过来，一点儿机会都没有。我们也不会到别的区域去。我们就是这样守护着自己区域里的女孩们，只把她们留给自己。"巴塔在讲述自己的青春时这样说道。

　　"红十字"街区里的生活设施应有尽有：有两个大的市场，有数不

15

◇ 电影《桥》剧照。本图由南斯拉夫电影博物馆提供

胜数的咖啡馆,它们到今天还在继续营业着,有剧院(贝尔格莱德剧院),有"阿瓦拉"电影院,有"工人体育俱乐部"。这个俱乐部出了很多位著名运动员,特别是篮球和拳击领域的。

年轻人很喜欢电影。西部电影和犯罪片里头的英雄、身着西装头戴礼帽的黑帮成员、革命先驱等等的形象成为了年轻人的偶像和仿效的榜样。那个遥远的好莱坞世界,凭借着虚假的光芒,深深地迷住了年轻的孩子们。当然,像约翰·韦恩、加里·库珀、克拉克·盖博这样的演员,理所当然地成为了孩子们的榜样和英雄,他们开始尽可能多地模仿这些形象。

很多年之后,巴塔因为在战争电影中经常扮演开枪射击和杀死敌人的孤胆英雄,他被人称为"南斯拉夫的约翰·韦恩",但是巴塔本人并不喜欢这样的比较。

形形色色的社团之间经常发生打斗，这不是什么稀奇古怪的事，甚至在电影院，人们从放映厅一直打到街上。

"意识形态斗争"也同样进行着：新潮的孩子爱穿窄脚裤，作为时尚的特征。人们把这样的裤子叫做"笛子裤"或者"（人猿）泰山裤"。孩子们也喜欢留长头发，梳起"飞机头"或者"鸡冠头"发型。留这种发型的孩子被人叫做"长毛党"。站在对立的另一边的，是共产主义接班人——南斯拉夫共产主义青年团。青年团的年轻人认为上面所说的那些所谓的时尚，违背了革命精神和新的意识形态。人们因为这样的观点分歧，发生了很多打斗事件，特别是在舞会上。青年团的人想用剪刀剪

◇ 巴塔在波黑帕莱演喜剧

掉对方的"笛子裤",用剃刀剃掉对方的"鸡冠头"。

在青春的不羁和野性的诱惑的驱使下,有一些年轻人误入歧途,因犯罪行为而被关进了少年监狱。另外还有一些人,成长为著名的艺术家、新闻记者、运动员和商人。

"十字党"中有一位年轻人,跟巴塔走上了同样的演艺道路,那就是2016年3月11日去世的德拉甘·尼克里奇·嘎嘎,他的原名是德拉戈斯拉夫。他和巴塔住在同一条街——波扎雷瓦茨卡大街。

在"红十字"街区,嘎嘎是巴塔的小粉丝。

嘎嘎说:"巴塔当时已经是一位演员,但同时也是小混混,是大佬。

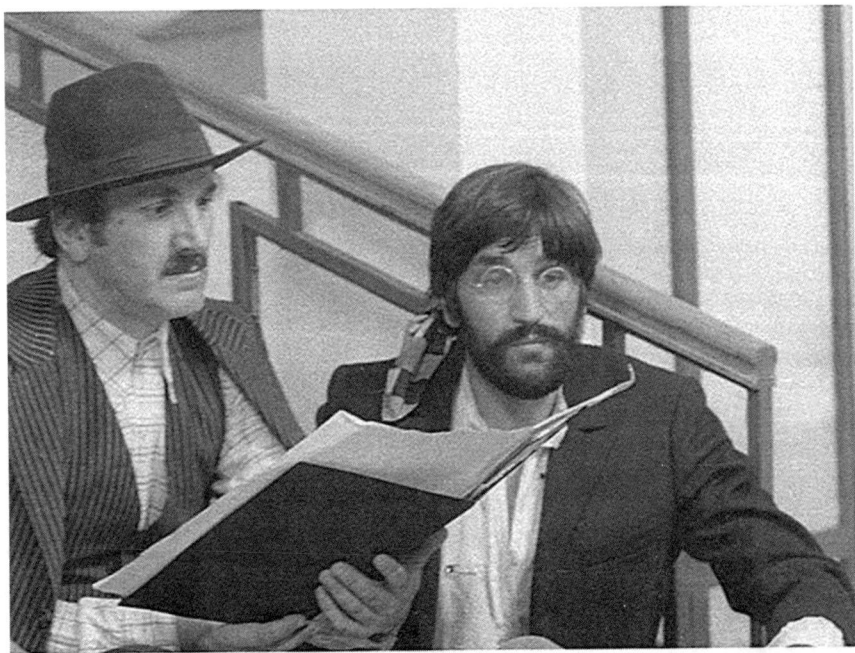

◇ 电视剧《不在天上、不在地上的楼阁》剧照(1978年),巴塔和德拉甘·尼克里奇

我们偷偷摸摸地从剧院跟他跟到家门口，我们躲起来看他，总是尝试模仿他……巴塔的形象，是我们想用来标签自己的身份象征。"

嘎嘎扮演了 180 个电影、电视和舞台角色，是真正的贝尔格莱德城市传说。

巴塔和嘎嘎，是塞尔维亚和南斯拉夫电影的两座高峰，他们一起演出了大量电影，如《不在天上、不在地上的楼阁》、《巴尔干快车》、《美丽生活》、《应许之地》、《正版赝品》、《火药桶》等等……

当嘎嘎这位伟大的魔术师、风度翩翩的绅士离开我们的时候，巴塔在唁电中写道：

"再见了我的小兄弟。没有了你，贝尔格莱德跟以前不再一样！"

这些传说，一个接一个离开，一个接一个褪色。

尽管没有了他们，"红十字"街区还依然存在，它依然还是文化、体育、娱乐交汇的热情洋溢的十字路口。它将一直背负着自己这个名望的十字架。

第二章

# 演艺人生

# 从窗户爬进了表演世界

长时间跟伙伴们在"红十字"街区附近和贝尔格莱德中心盲目地游荡之后，巴塔毫无防备地走进了表演的世界！非常偶然。命运再一次施展了魔法。

1947 年，学院派文化艺术协会"布兰科·科尔斯曼诺维奇"搬到了特雷西亚公园对面"卢克索尔"王宫的旧址。这个学生社团后来凭借着自己合唱团和民族舞团，成功地获得了全世界的认可，同时也造就了多位著名的塞尔维亚民族文化艺术家。

每天，年轻的学生们都来到这座楼的地下室，为演出进行排练。他们的演唱、争论、对骂和表演对巴塔和他的小伙伴们来说都极为新鲜。隔着窗户偷看他们排练，反倒成为了有趣的事。有一天，一位披着乌黑秀发的女士被孩子们的偷看惹烦了，让他们要么进来看，要么躲

巴塔回忆成长经历

23

远点。于是，所有的孩子都跑掉了，只剩了巴塔。巴塔走进排练室之后，自觉走到角落坐下来，带着奇怪而期盼的眼光看着这些陌生人的表演。当时，巴塔只有 14 岁。

慢慢地，巴塔接受了这种艺术，并从中找到了乐趣，因此他定期来到"科尔斯曼诺维奇"，开始给剧团打下手。他得知那位年轻女士的名字叫做索菲亚·索娅·约万诺维奇，是一位实习导演。在场的还有一位德高望重的老前辈——拉多什·诺瓦科维奇教授。这两位人物，后来成为了塞尔维亚戏剧艺术的顶梁柱，同时也成为了巴塔的启蒙者和导师，特别是索娅·约万诺维奇女士。

巴塔一开始在这里并没有得到表演的机会。他在剧团的工作主要是搬弄幕布和射灯等物品，偶尔协助组织演出……他的工作做得很好，"科尔斯曼诺维奇"在巡演时，逐渐也带上他。当时流行到建筑工地上举办巡演，于是剧团去到了"沙马茨—萨拉热窝铁路"和"贝尔格莱德—萨格勒布高速公路"的建筑工地去，给工人们演出。巴塔负责安排住宿、伙食、剧场和交通等事务。他认真和热情地对待自己的工作，让索娅·约万诺维奇感到非常满意。当然了，从这一切的工作中，巴塔慢慢"偷师"，学习了不少关于舞台生活和表演艺术的知识技能，也越来越被光彩夺目的舞台世界所吸引。

后来，巴塔幽默地说道："我的很多同事都是从门口走进表演世界的，但我是从窗户爬进来的！"

在剧团工作了几个月之后，巴塔回到家。他的妈妈看着他，感觉孩子一下子长大了。

巴塔坚定地说：我将把自己奉献给表演事业。他还说想入读表演学校。巴塔也把自己的想法告诉了父亲，而父亲提醒他：

"我的巴塔，表演对你来说一张七层皮的饼①。孩子啊，你选个别的、像样一点的工作吧。"

年轻的巴塔，执着而倔强，不愿意理会父亲的意见。他开始参加表演学校专为年轻人开设的晚间培训，培训项目有跳舞和唱歌。巴塔从来都不喜欢这些项目，甚至连听都不愿意听。因为当时流行的是"女士优先挑选"的搭配方式，然而从来没有女士选巴塔作为自己的表演伴侣。当其他人都在跳舞的时候，巴塔只能一个人在角落里进行着尘土飞扬的"战斗"。巴塔并非是因为无聊而不断地练习，当时他已下定决心要报考尼什的表演中学。

这时候，命运的手指再一次指点了巴塔的额头。

他高兴地邀请身边的伙伴陪他一起去尼什应考。但最后只有一位朋友跟他一起去了。

一个周日，两人来到尼什。不过下车之后，两人一头雾水，不知道该往哪里走。想着表演学校跟剧院多少会有些关系，于是他们往剧院走去。

看门的人皱着眉头来给他们开门。

"剧院里有人吗？"他们问道。

"只有经理在。"

"我们可以去找他吗？"

"你们找经理干什么？"看门人问道。听完他们的解释后，看门人

---

① 七层皮的饼：形容非常难啃的食物，或者非常难以应付的工作。——译者注。

让他们进去了。

他们直接来到经理的办公室。经理问道：

"你们要干什么？"

"我们想进表演学校！"两个人异口同声地说道。

"这不是你们想进就进的。你们是什么人？"

"我是韦利米尔·日沃伊诺维奇。"巴塔自我介绍道。

经理说：

"我也是。"

巴塔再次开口说：

"我才是韦利米尔！"

经理说：

"我也是。"

巴塔回忆考演艺中学

这位经理正是大名鼎鼎的诗人、翻译家、教授——韦利米尔·日沃伊诺维奇·马苏卡。

"这还没完呢。我告诉他我是巴塔，他说他的儿子也叫巴塔。他后来向我们解释道，我们想去的那家学校，三个月之前就开学了，入学考试早就结束了。他问我们有没有练习什么才艺，因为那家学校非常学院派，要求准备独白和朗诵等等。那位经理向我们解释了入学的条件，亲自把我们带到了学校。他热情地给我们看他写的诗，那是最美的塞尔维亚诗歌之一——《心悸》。很明显，他有意让我们参加入学考试，并且想录取我们。"

实际上，这位经理人马苏卡是英国皇家学院的成员之一。

由于同名同姓，两人之间闹了一些笑话。有一天，马苏卡问巴塔：

你是不是收到了用外语写的信件。在确认巴塔真的收到了之后，马苏卡对巴塔说：

"伙计，你把信还给我。我就把从你乡下科拉契察寄来的、却误寄到我这里的奶酪和肉还给你！"

1948 年，巴塔成功入读尼什的表演学校，并且很快就适应了这座坐落在尼沙瓦河畔的古老城镇的生活。他住在"拉的尼茨基"拳击俱乐部楼上的公寓。早年在贝尔格莱德的街头没少打架，他干脆开始练习拳击了。他也去学校上学，但是到了学校，很多时候，他都在打发时间。不久之后，他在城市剧院得到了经典剧目《门内马斯》的一个小角色。不过，这几乎是一场灾难性的失败：巴塔走上舞台，在人山人海的观众面前，竟然因为过于紧张而说不出半句话。他又走下去了。导演亚历山大·乔尔杰维奇把他拉到幕后，摇了他几下，帮助他恢复冷静，之后巴塔才一字不差地把对白说出来。

再回想起年轻时发生的一幕，巴塔说道："我长那么大从来没有那么紧张过！"

几个月过去了，巴塔交到了女朋友。巴塔的姐姐萨拉常常给他寄来生活费，补贴他的恋爱开销。他时而学学习，时而谈谈恋爱……很快学年接近尾声。他的其他科目的成绩都很好，

巴塔回忆四年演艺中学生活

唯独专业表演课只拿到了一分！这样的分数，是不能留在学校里继续学习的。主任说，成绩太差了，简直是在浪费时间，还是别学了。答应给他及格的分数，但条件是要他转到诺维萨德或者萨拉热窝去学习。

巴塔选择了前者：平静端庄、以"塞尔维亚的雅典"而著称的诺维

萨德。在那里，他不再逃课，开始努力看书，非常认真。那时他的生活很拮据，需要时不时地在塞尔维亚国家剧院打点零工——当服务生、敲钟员、保安等等。

这一年的生活对他来说非常艰苦，但是，奇怪的是，可怕的贫困并没有挫败他想成为一名演员的愿望。

"我记得在诺维萨德发生的一件事。我在塞尔维亚国家剧院当保安，总是挨饿。一天晚上，演出结束后，我偷偷溜到剧院的自助餐厅去吃饭。那里有各种各样的食物、饮料。但是我只是拿了一块面包，这都被剧院大楼的看守人抓到了。他不相信我只拿了面包。虽然后来他放了我，但是我记住了那一块面包，把它当成是分量最重的一块面包，因为它让我第一次尝到了羞耻的滋味。"

在三年级的时候，巴塔终于回到了尼什。之后，再次因为糟糕的成绩，他又被转到了诺维萨德，在那里他收拾心情，认真刻苦地学习。见证奇迹的时刻到来了：等到毕业的时候，他的毕业作品，获得了评委们一致评定的满分十分！

一位演员就这样诞生了！

# 三次考试和无形的角色

1952 年，巴塔从诺维萨德的表演学校毕业之后，一切都变得清晰明朗了：表演！什么时候表演？怎样表演？没有熟人，没有推荐……但是，生活本身就是一场战役。

学习表演期间，巴塔还忙着做各种各样的事。他在学校之间转来转去的同时，他在住房部 4 区干了一年半的木匠。他还换过几个不同的工作地点，每个地点工作两个月。他是一名青年领袖，给大人物约万·罗迪奇送过苏打。他可以一条裤子一件夹克衫穿四年。有一年夏天，他接受了粉刷阿兰杰洛瓦茨学校的工作。从那时起他就明白了：油漆桶很重、墙壁面积很大、天花板很高、生活的负担很沉重。

"也许正是从那时候起我开始认识到，没有技术的话意味着什么，也知道了缺乏生存条件的滋味。等我想明白了这点，我就成熟了。我变成了一位好学生。我妈妈希望我完成学业，等我从表演学校毕业的时候，我得到了铁托格勒剧院的职位。"

于是，巴塔决定报考贝尔格莱德戏剧学院。但是，巴塔并不努力。只有他内心的愿望足够强烈的时候，他才会举起手来。正是这样的性格造就了他，但也导致他在学院的第一次入学考试中落选了。

巴塔的姐姐纳达陪他去参加了第二次考试。他们想给考试评委表演一个二重唱。几天后，巴塔去看成绩单。看到表格上写着日沃伊诺维奇的名字！

"我去到办公室，问人报到需要带什么东西，那里的人告诉我：'韦利米尔，你的考试没有通过，通过的是纳达·日沃伊诺维奇！'"

哭笑不得。

当然了，姐姐一点都不想进表演学院。但是巴塔想啊——不惜一切代价。于是他再一次去参加考试。第三次终于通过了！这已经到了1954年。

巴塔回忆大学生活

"当我去到学院，我老马识途。我就像一个半生不熟的演员，什么都知道。"巴塔诚实地说，"当我想起那些教过我的老师和教授，有很多人我都不记得了。因为我自己总是'旅游人生'。我听过课的老师里面，我记得的只有约西普·古伦季奇老师。他大部分时间都跟我一起。"

在大学里，巴塔是非常勤奋的学生。他没有留级。他以满分的成绩毕业了。

学院毕业，赋予了巴塔一种不同寻常的特质，让他跟他的同事不再一样。

"我是唯一一位既完成了表演中学又完成了表演学院的学业的南斯

◇　电影《与魔鬼的早餐》剧照

拉夫演员！"

　　在学院里读书的时候，巴塔就开始尝试做一名演员。当然，是电影演员。1955 年，在读大一时，他就在电影《库姆巴拉的歌声》中崭露头角。这部电影的导演是拉多什·诺瓦科维奇，他是塞尔维亚前总理和伟大外交家斯托扬·诺瓦科维奇的孙子。

　　这部电影讲述的是 20 世纪初第一次塞尔维亚起义期间的故事。电影中有一个镜头是一位年轻的留着胡子的塞尔维亚战士在清洗自己的步枪。这个镜头持续了几秒钟。那位战士就是巴塔。

　　到了首映的晚上，他的朋友们开始和他打趣。

"巴塔，这部电影里看不到你！"

这里的"看不到"，相当于"演得好"、"不着痕迹"。这是一种幽默的表达方式：看都看不到你！你的表演不着痕迹！

随后，巴塔在电影《峡谷》、《最后的轨道》、《小人》等电影中饰演了一系列"无形"的角色。有的他演过的电影，演员表上没有写他的名字。他演过的片段被人删剪掉，也是常有发生的事情。

这并没有打倒他。

巴塔勇敢地朝着自己的伟大目标迈步，朝着凯旋门进发。

巴塔回忆演艺生涯之初

"为了等待演大角色的机会，我演了不下50部电影。一些次要情节的表演，一些花絮，也是会给演员带来机会的。你要做的只是在你感到有必要的时候，狠狠地'踹'一脚。"这是巴塔的其中一条职业法则，这条法则贯穿了他长达半个世纪的职业生涯。

# 戏剧舞台生涯

1956 年，在大三的时候，巴塔开始出现在现代剧院——贝尔格莱德剧院的舞台上，这座剧院正好就在他家所在的"红十字"街区。这一次，索娅·约万诺维奇看到了巴塔的演出。她正是从科尔斯马诺维奇剧院的窗户把巴塔拽进来的那位女导演。

在舞台上，明星演员绽放光芒，巴塔很难得到重要角色的出演机会，很难让自己被人看到。

"在田纳西·威廉斯的著名演出《发热的铁皮屋顶上的猫》中，我得到了莱西的角色。那是什么样的角色？我只需要走过舞台，没有半句台词。但是，脸上要涂上鞋油（那种抛光皮鞋用的油）。我照做了，但是我只在面对观众的那半张脸上涂了鞋油，而另外一边没有涂。观众们没有发现，但是剧场的经理看到了，于是他决定不给我发工资！"

巴塔依然不屈不挠，一步一步地挤进了很多演出，如《母亲的勇气》、《天上的旅行》、《哭泣吧心爱的土地》等等……在塞尔维亚伟大作家多布里察·乔西奇的游击队战争主题小说《根》改编的戏剧中，巴塔饰演了其中一个主要角色。

"我接受了人们给我提供的一切机会。"这位伟大的演员讲述到，"因此，天啊，我一年要演出 300 次。一切如期进行着。"

的确，戏剧是现代的、富有活力的，米勒、田纳西·威廉斯、塞缪尔·贝克特等人的作品第一次来到南斯拉夫上演。演员们非常努力地为贝克特的戏剧《等待戈多》的演出做准备，但是当局认为戏剧的上演会带来一定"危险性"，最终取消了此剧的首演。两年之后，在《战斗报》报社的地下室，新开了一家名为"212 工作室"的现代剧院，《等待戈多》终于在这里上演了。

"在巴黎表演《桥上的眺望》的伊夫·蒙当和茜蒙·仙诺都来到贝尔格莱德看我们的演出！"

这已都是陈年往事。

巴塔·日沃伊诺维奇是伟大、成熟的演员，从 1956 年到 1967 年，整整十一年他都是在戏剧舞台上度过的。他经常说，人们不记得他的舞台演出，只是单纯地提他的电影作品，让他感到很遗憾。为什么？因为电影和电视，对他来说是无尽的冒险，几乎掩盖了他的戏剧舞台造诣。

戏剧让巴塔厌倦，让他变得狭窄和封闭，使他受到质疑。电影里的偶然演出，对他来说更有吸引力。

"我的戏剧生涯并不成功。我开始意识到这点，于是放弃了戏剧。当我看到那里的其他演员，每个演员都把自己的整个生命投入到角色里。我在贝尔格莱德剧院度过了十一个年头，但是我身上依然没有那些优秀演员身上的东西，那就是天赋。我也想要好好演戏剧，但是其他的人远比我优秀。不过我并没有因此感到遗憾。"巴塔曾经这样说。

巴塔不仅再也不演戏剧，甚至再也没有走到观众面前去念独白或者朗诵诗歌。

"不能说有人给我机会了，我不懂得利用机会，我什么都不知道。学校里学的东西无法致用，而在学院里你学不会表演。在那里，你可以学会一些技巧，比如念台词、找节奏，你会学到一些技能，比如击剑……但你学不会表演。"

有人邀请巴塔再次回到戏剧舞台上表演《生活中的意义》，但是他不愿意。

"你瞧这有多么的愚蠢：戏剧舞台上的是别的东西，与生活本身根本没有半点关系！"

总之，巴塔在戏剧界中没有大放异彩，于是他转向了电影界。

"也许我没有大放异彩，但是我想我也没有白白地放弃戏剧。"电影大明星巴塔如此评论道，话语中带一点讽刺，但更多的是谦虚。

## 布拉伊奇是他的"伯乐"

如果不是韦利科·布拉伊奇发现了他，巴塔可能只是一名平庸的戏剧演员。这位来自萨格勒布的导演，在贝尔格莱德剧院观看了《从桥上眺望》的演出，看到了巴塔的表演。在演出过后，布拉伊奇在剧院的餐厅里见到了巴塔，向他走去并且说道：

"年轻人，你的长相很有趣，很不同寻常啊！"

当时布拉伊奇正在为电影《没有时刻表的火车》寻觅演员。巴塔在众人中脱颖而出！

巴塔本来得到的角色是一个里卡人。他到萨格勒布参加试镜，最终拿到了达尔马提亚工人杜耶的角色。杜耶是一个死板僵硬、食古不化的人，就像用石头刻出来的一样。

一切就是这样开始的。巴塔的漫长的电影生涯就是以此为起点的。那年是 1959 年。

韦利科·布拉伊奇发现了巴塔，让他成为了电影演员。

◇ 电影《没有时刻表的列车》剧照

布拉伊奇和巴塔惺惺相惜。巴塔的愿望是把自己的一生献给电影，非常坚决。而布拉伊奇打算以一种轻松而自然的方式，把两人的事业捆绑在一起，搭档发展。

巴塔坦率地承认："我运气很好！"

这辆"火车"（指电影《没有时刻表的列车》）在普拉引起轰动，一举成为了普拉电影节的最佳影片。当时的普拉电影节还没有颁发"金竞技场"奖。

影评界对这部电影好评如潮。他们在评论中称这部电影为"民族风格的先锋"、"大时代的诗意"、"南斯拉夫电影风格的奠基之作"……

电影世界的大门从此向巴塔敞开。

巴塔和布拉伊奇继续合作，1961年拍了新电影《繁华都市》，在片中巴塔饰演钳工卢卡。有的评论人认为这是巴塔在那个时期的最佳表演作品。1962年，两人合作新片《科扎拉》，巴塔在片中饰演硕尔格一角。凭借这部电影，巴塔在当年的普拉电影节上斩获了两项大奖：最佳角色奖和最受观众喜爱的演员奖。

"硕尔格给我带来了荣誉，也带来了观众。那可是数以百万计的观众。"

从事电影事业的头三年，巴塔梦想成真。这是每一个演员都梦寐以求的成功。他的事业走向巅峰，受到了千万观众的追捧和喜爱。

"我知道韦利科嫌我胖。当要拍摄电影《内雷特瓦战役》时，他给

◇ 电影《科扎拉》剧照

◇　电影《应许之地》拍摄现场，1986 年。巴塔和导演韦利科 · 布拉伊奇

我寄来一张我的照片，他在照片中我的脸上画了一些标记。他留言说：
'等你的脸瘦到我画的这条线时，你才能来演我的角色。'我就只好乖乖
减肥了。"

布拉伊奇开辟了自己独特的风格道路。

"布拉伊奇的电影从来没有主角，神奇的人民才是主角，历史的英
雄才是主角。每个人物都有自己的分量，但是要和其他的人一起去将其
实现。"

"我和韦利科的友谊持续了几十年。我们互相是对方孩子的教父。
我们性格相似，都是性情中人。我们互相理解，很容易找到共同语言。

我们就像是一家人。很难想象我不在他的电影里出现。"巴塔直言道。

那是成功美满的年代。

那是佳作不断的年代。

那是幸福快乐的年代。

但是成功并没有冲昏巴塔的脑袋。

"无论做哪一行,人都不能忘记那些造就了自己的人们。人一定要脚踏实地。生活中最大的艺术,也许就是简单自然地做一个正常人。我可以说我的一切都很顺利。我总是在演一些平凡人的角色,这也许不是一件偶然的事。平凡的人,离我最近。"

## 《瓦尔特保卫萨拉热窝》、《桥》：
## 克尔瓦瓦茨和他的游击队电影

  哈伊鲁丁·克尔瓦瓦茨（昵称施巴）是一个天才导演，他开创了南斯拉夫游击队电影的独特风格，至今无人能重复和超越。

  "施巴是穆斯林，但是这点不重要。我说他是穆斯林，出生在尼什，是想说明他是个很虔诚的人。我这一代人里面所有的人都认识施巴，所

巴塔回忆克尔瓦瓦茨

有的人都记得他。他创造了奇迹，让我们的游击队电影走向了世界。在我们这里，我们早就看够了游击队电影，甚至都觉得厌烦了，什么《瓦尔特保卫萨拉热窝》、《桥》、《爆破队》、《游击队员》……"

  克尔瓦瓦茨用独到的方式来描绘游击队员：在他的电影里游击队员不再是炮灰，少了很多流血镜头，上司和下属之间的关系不再那么严肃紧张。他用到了美国人拍战争片的方法技巧，成功地将动作片和警匪片元素融入战争题材中。故事情节更为紧凑，对白设计更为生动，人物形

象多是像瓦尔特那样勇敢机智、刀枪不入的"无敌英雄"。他使南斯拉夫游击队电影走向了世界。以《爆破队》为例,此片在 50 个国家上映,在普拉电影节上赢得了最受观众喜爱影片大奖。在电影里,男孩子们的穿着打扮很像"闪电戈多"。以往的电影总是希望通过演员来表现来自民族、来自农民的人物形象,相比之下,克尔瓦瓦茨的手法新颖很多……

巴塔总结道:"施巴做得太好了,他用一种熟练而极具动感的方式,来讲述我们的历史。电影中故事的真实性,其实并不重要。"

施巴的电影广受欢迎,其中以《瓦尔特保卫萨拉热窝》和《桥》为首。这两部影片在全世界一百多个国家上映过,最初在苏联风靡一时,后来在中国也家喻户晓,几乎所有的中国人都看过瓦尔特。《瓦尔特保

◇ 《瓦尔特保卫萨拉热窝》中文版海报

◇　电影《桥》剧照。本图由南斯拉夫电影博物馆提供

卫萨拉热窝》在中国上映了 45 年。毫无疑问，这是世界上被观看得最多的一部电影，而巴塔也随之成为了最受中国人欢迎的演员。不要忘记，中国是世界上人口数量最多的国家。

电影《桥》中班比诺牺牲场景

　　施巴另一部广为人知的电影《桥》，风格与《瓦尔特保卫萨拉热窝》不同，更侧重情感和细节的刻画。其中最令人动容的一幕，是活泼可爱的班比诺在撤退中不幸被敌人打伤了腿。他拖着受伤的腿，在沼泽中拼命地奔跑，带着对死亡的恐惧和求生的欲望。敌人围上来，他一次次倒下，又一次次站起来，眼看就要束手就擒。为了他不被活捉，巴塔饰演的游击队长老虎毫不留情地命令手下将手榴弹扔向德国人，也包括自己的战友。博里斯·德沃尔尼克饰演的萨瓦多尼，含着热泪完成了这个任

◇ 电影《桥》，导演哈伊鲁丁·克尔瓦瓦茨的杰出作品。本图由南斯拉夫电影博物馆提供

务，让他最年轻的伙伴与敌人同归于尽。表现出了战争的残酷和悲壮，充满人情味，更容易引起人们的共鸣。

施巴和巴塔两人之间有着超过 40 年的深厚友谊。长久以来，施巴都没有娶妻，但是和他的犹太人秘书爱娃保持着亲密的关系。不过后来，他和一位新的女伴公开露面。女伴的名字叫做艾什雷法，是一名养育着两个孩子的寡妇。

萨拉热窝，难以三言两语说清楚的城市

"我说服了他，让他到科拉契察来结婚。卢拉和我当了他们的证婚人。结婚的手续是按照民政局的规定来进行的。"巴塔回忆道。

波黑战争是"二战"后欧洲最惨烈的战争，萨拉热窝恰恰是战争的焦点。不幸的战争开始之后，巴塔和他的家人准备好收容和保护落难的施巴一家。据说，当时有人专门从萨拉热窝把难民救出来。但这位游击队电影的代表人物，作为一个穆斯林，不愿意离开家乡。

"我对他说：'你们来吧！'

他说：'我不去了，巴塔。我要留在我的萨拉热窝！'"

不过，施巴最终还是把自己心爱的两个孩子送到了巴塔身边。这位因《瓦尔特保卫萨拉热窝》而著称于世的天才导演 1992 年春天在萨拉热窝的战火中因饥饿而死。他的妻子后来说，施巴是死于绝食。她经常抱怨塞尔维亚人的"所作所为"。

导演《瓦尔特保卫萨拉热窝》的克尔瓦瓦茨饿死在萨拉热窝

"我对哈伊鲁丁·施巴·克尔瓦瓦茨的记忆，都是关于他的善良。施巴从来不计较，从不恶言相向。他总是坦诚而高兴地跟我们分享成功的喜悦。"

可惜的是，施巴来不及完成他的最后一部电影——《特拉蒙塔纳》，尽管拍摄的工作都已经完成了。他的愿望是实现这一部"移动的油画"。他拍过很多战争动作电影，有在陆地上的，有在天空上的，但还没有拍过海上的。他原本还想拍一部讲述海上战役的电影。

"我很确定那将是一部杰作。但是后来的内战和各种冲突事件，使原来的计划都停下了。"巴塔说，"不过，施巴与我们同在。我们经常为他祈祷。我知道这些年来，他一直在天上，面带微笑地看着我们，并且以独特的、绅士的方式悄悄地咒骂着我们所做的蠢事。"

对于巴塔来说，施巴是一位情同手足的挚友。

# "瓦尔特"与中国

电影《桥》的主题曲《啊！朋友再见》

头一个邀请巴塔访问中国的通告，来得很突然。那是在 1979 年，当时中国正在准备举办南斯拉夫电影周。第一批从国外进口的电影当中，就有《瓦尔特保卫萨拉热窝》。南斯拉夫代表团的成员有斯拉夫科·拉扎雷维奇、哈伊鲁丁·克尔瓦瓦茨、巴塔和他的妻子卢拉。

巴塔回忆第一次踏足中国与影迷们见面的状况时这样说道："我们不知道会发生什么。机场铺好了红地毯，架好了摄影机。50 名戴着红领巾的小孩唱着电影《桥》的主题曲《啊！朋友再见》，这首歌不是《瓦尔特保卫萨拉热窝》的歌曲。机场外面停着三、四辆车。我上了其中一辆车，克尔瓦瓦茨上了另一辆，卢拉上了第三辆车。在酒店门前，聚集了大批影迷，这个场面让我们非常震惊。影迷们非常热情，差点把我们从车里拉下来了。"

◇ 电影《桥》剧照。本图由南斯拉夫电影博物馆提供

　　当经过南京路时，整条街道上挤满了欢迎的人，车队根本无法行进，卢拉惊呆了。工作人员为了安全再三嘱咐他千万不要摇下车窗、更不要下车。"但我知道我要下去，走到他们中间，因为我知道他们是热爱我的人。"所以巴塔推开门，毫不犹豫地走了出去。

　　"当我站在街头的一瞬间，整条街道霎时如黎明般安静，而这安静仅维持了几秒钟，人群中突然爆发出欢呼声，所有人都有节奏地喊着——'瓦尔特'、'瓦尔特'！这是我一生中最美好的时刻。"

　　巴塔一行人在中国逗留了 21 天，先后去了北京、上海、杭州等城市，中国著名演员陈强负责陪同。大部分时间都受到国家级的招待，就像是大国总统或者总理来访时那样。

　　"我们的受欢迎程度大大超出了我们的想象。像是一个童话故事，让我非常感动。"

◇ 巴塔与中国朋友们在一起

时至今日，巴塔在中国依然是一位明星。

几十年过去了，但是每一年，电影《瓦尔特保卫萨拉热窝》都会在中国上映好几次。

"中国人把这部电影看作是对法西斯主义的反抗，所以他们非常喜欢我。把我当成了刀枪不入的无敌英雄。在电影里，我破坏了德国纳粹的很多作战计划，打死了无数德国鬼子，所以希特勒在临死前曾经留下遗嘱——干掉巴塔·日沃伊诺维奇。"这是巴塔无数次讲起的笑话。

最畅销的中国报纸《人民日报》曾经发表了一篇文章，文章中提到，超过 105 亿人次中国人

巴塔谈《瓦尔特保卫萨拉热窝》在中国受欢迎

看过《瓦尔特保卫萨拉热窝》这部电影。当然了，考虑到这部电影在中国的电影院和电视上持续放映了40年，放映过无数次，这个数字并不夸张。

得益于数量庞大的中国观众，巴塔成为了"全世界最多人看过的演员"，超过了马龙·白兰度、肖恩·康纳里、理查德·伯顿和劳伦斯·奥利维尔。

前南斯拉夫文化部长谈《瓦尔特保卫萨拉热窝》的成功原因

2005年6月，应中央电视台《电影传奇》节目组之邀，巴塔携家人以及其他多位前南斯拉夫著名电影人来华，受到了热烈欢迎。其间，巴塔接受著名主持人崔永元专访，谈了自己的人生经历和电影背后的故

◇ 崔永元和巴塔合影

◇ 电影《瓦尔特保卫萨拉热窝》剧照。本图由南斯拉夫电影博物馆提供

事，给中国观众留下了温暖的回忆。

2010 年 5 月，巴塔现身上海世博会波黑馆，这是他最后一次来中国。引发了在场观众的热烈欢呼，观众争相和巴塔握手、照相、索要签名。

巴塔后来回忆道："中国朋友那么喜欢我们，真的让人难以置信，这对于我们国家来说，是一件好事。在上海的世博会上，我亲眼目睹他们有多么的喜欢塞尔维亚人，甚至让我感到尴尬：扪心自问，我似乎还没有中国人那么喜爱我们的民族。"

　　有新闻报道称，有一百万影迷在上海迎接巴塔！

　　"人数如此之多，甚至比贝尔格莱德'2000年10月5日示威'① 的参加人数还要多！有时候我都不敢上街，只好留在酒店里。"

电影《瓦尔特保卫萨拉热窝》中的牺牲场景

　　在南斯拉夫时代，《瓦尔特保卫萨拉热窝》、《桥》这类漫画式游击队电影其实饱受影评家诟病，被认为艺术价值不高。倒是在中国，人们非常喜欢这些电影。巴塔百思不得其解，想不明白这类电影为什么会有如此高的收视率，而自己为什么会如此受欢迎。

　　"我认为，是战争把我们两个民族联系起来。中国的长征和我们的游击战，实质上是相同的战斗形式，是一场关乎民族存亡的搏斗。塞尔维亚的战争电影剧本作家，以哈伊鲁丁·克尔瓦瓦茨为首，在40年前就以一种非常先进的方式进行创作。哪怕放到现今当下，他们的艺术创作也是很前卫的。跟当时的他们相比，现在的我们反而显得非常落后了。不如从前了啊。不过，如果你跟中国朋友提起'南斯拉夫'这四个字，他们马上就会唱起我们的游击队电影中的歌曲来。"

　　巴塔还记得，他们来到中国拍摄马其顿导演斯托勒·波波夫的电影《红色的马》的一些花絮。由于他们不能去乌兹别克斯坦拍摄，他们在中国找到一片相似的沙漠作为取景地，来到中国拍摄。那个地方离北京很远，首先要坐四个小时飞机，然后再乘坐三十小时的车，才能抵达沙

---

① 2000年10月5日，示威者在贝尔格莱德进行抗议，迫使米洛舍维奇承认在9月24日南联盟共和国总统选举中落败。

漠深处的拍摄点。

"那是一片不毛之地，戈壁滩和沙漠，荒无人烟。忽然间，有个人从沙丘后面走出来，看见我之后又离开了。五分钟过后，一大群人从沙丘后面的防空洞走出来，一边鼓掌一边喊道：'瓦尔特！瓦尔特！'就像在北京一样，一大群人聚集在我面前，好几个小时都没有散去，我们无法拍摄。这种场面真是太难以置信了，我似乎成为了某种象征。"

有一次，巴塔和儿子米利科一起来到中国。年轻的米利科，跟拍摄《瓦尔特保卫萨拉热窝》时的瓦尔特一样大。

"当我们走到酒店大堂的时候，立马被几百台相机和几百位记者包围住。米利科不断在接受采访，发表讲话。我坐到角落里，居然没有人发现我。所有的人都以为他是瓦尔特。"

2011 年，为了让年轻一代中国人看到新一版的《瓦尔特保卫萨拉热窝》，有人计划翻拍这部电影，并且拍成电视剧的形式。有三位来自上海的中国商人，愿意为这部作品投资，并委托巴塔在塞尔维亚进行组织协调。

"根据原本《瓦尔特保卫萨拉热窝》的剧本，只能拍出四集内容来，而中方的投资者希望拍三十集。于是，他们组织了 20 位最优秀的中国编剧来合作写剧本。为了适应中国的地形和人物特点，他们进行了改编。这是一个非常有意义的项目，同时也能赚很多钱。我坚持要运用塞尔维亚的剧组工作团队，从化妆师到主要演员，并且要按照欧洲的标准为他们支付报酬。中方出导演，但是必须跟一位塞尔维亚导演一起合作。我原本的愿望是想让塞尔维亚的影视人有活可干。我不参加演出，但是要负责每一集的旁白。主演瓦尔特的演员是克约。我的脑海中已经安排好所有的分工了，但是我没有跟任何人说。我要等到双方达成协议，签订合同之后，才能说。"

可惜的是，这个项目最终没有实现。

对于那些发生在中国的花絮和关于中国的轶事，巴塔提到这么一件事：

"1999年，塞尔维亚遭遇轰炸期间，一支中国的电视台队伍来到了塞尔维亚。全中国所有的地方，13亿人口都可以收看到他们的节目。当时，正值北约轰炸克斯玛依山。他们给我发信，告诉我尽管轰炸已经开始了，但是数百万中国人都站在我们的这一边，愿意来帮助我们，帮助瓦尔特故乡的人民。我对他们说：'不要担心住处，来了我全包！'"

巴塔还想起一件事，当时德拉甘·舒塔诺瓦茨担任塞尔维亚军事部部长。

"我在家里坐着，电话响了，是部长办公室打来的电话，请我去一趟。于是我就去了，到了才发现，中国军方的领导人来了！他们向我敬礼。他们让我坐在正中间，两旁都是很有分量的人物。他们认为，见不到我的话，他们的访问就不能圆满结束，于是让我们的军事部部长把我叫来。"

巴塔还是第一位获得中国荣誉国籍的外国人。

巴塔还计划在北京开一间叫"瓦尔特"的餐厅，但是最后放弃了。

巴塔最后一次去中国，是在病重的前夕。

"我记得那应该是我第十一次去中国。我去了上海。塞尔维亚在世博会上有一个小展厅，而中国朋友却在那里为我举行了一场规模盛大的招待会。得到他们如此高度的关注，我实在非常感动。""每次去中国，

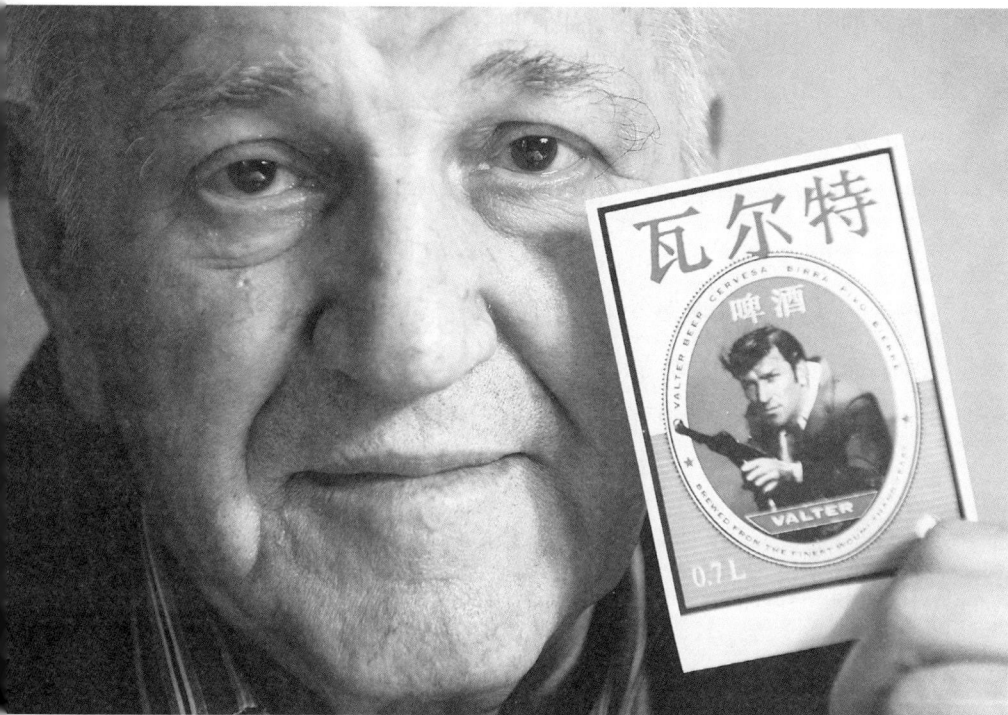

◇ 巴塔与"瓦尔特啤酒"。摄影师艾米尔 · 昌季奇

我都很开心，感觉就像是回家，那里有个大家庭在等着我。"

　　巴塔跟几位中国朋友一起做过生意。他们做了一些业务，主要是广告方面的，后面也计划了一些比较重要的项目，可惜没有做成。

　　"他们有很多要求，而我们能够提供的实在太少了！"

　　其中一个计划，是收购"威尔沙茨葡萄园"。

　　"本来计划做一种名字叫做'瓦尔特'的红酒，出口到中国。你们不要以为我不喜欢红酒。在科拉契察，我有一大片葡萄园。我珍藏了很多陈年老红酒，我还用老红酒来酿烈酒。要知道，除了法国演员贝尔蒙多和德帕迪约两人之外，没有人那么做过，现在我是第三个会这么做的人！"

"中国人想从塞尔维亚进口矿泉水，并且让巴塔来做广告。但是，这个计划还是失败了。原因是中国人想要的量实在太大，而塞尔维亚根本没有条件满足。"

"我们每天只能出产 1.5 亿升水。中国人要多少呢？他们想要每个月进口一百万升烈酒，我们没有啊。"巴塔苦恼地说道。

广告方面的合作进展得比较顺利。

"这也是工作。在西方，演员都是靠广告来赚钱的。拍广告比拍电影赚钱。我给中国的电视台拍过电视购物的节目！来自亚戈蒂那的工厂'荷莫尔'生产出一种特制的蜂蜡膏，这个产品在伦敦博览会上赢得过金奖。后来他们以'荷莫尔·瓦尔特'的名字出口到了中国。"

巴塔还拍过药物广告和啤酒广告。

"药的广告词是：'瓦尔特抵抗了法西斯，现在为我们抵抗疾病。'"

还发生过这样的事情，有人出 70 万美元来请巴塔拍广告！需要拍的内容是瓦尔特冲进商店开枪扫射，然后去冰柜拿一瓶啤酒。

"我考虑了一下，然后拒绝了。我不想为了拍那样的广告而毁了瓦尔特的形象。他们甚至推出了'瓦尔特'啤酒。如果'瓦尔特'的名字能够让他们的啤酒比'凯撒啤酒'好喝，那最好不过了。我希望每位中国朋友都喝到'瓦尔特啤酒'。"

由于巴塔在人口众多的中国实在太受欢迎了，甚至有人在上海给他一块地，让他在那里盖房子。

"实在太感谢中国的朋友了，还给我一块地。但我是不会离开我的克斯玛依山的。"

巴塔不会移民到上海，但是会"定居"在保定。

"这是一座新的城市，还在蓬勃发展。在那里计划修一座'瓦尔特'文化中心，竖一座瓦尔特纪念碑。我是保定市的荣誉市民。有人请我去那里住。"

巴塔从未和中国朋友断绝联系。他去到坐落在贝尔格莱德新城区的中国商城，同样受到了中国商人的热烈欢迎。他也没有忘记那一条中国朋友修的大桥，大桥跨越多瑙河，连接了泽蒙和博尔查两岸。为了表示感谢，巴塔给中国的朋友们送去了100升红酒和25升烈酒。这些都是他在科拉契察亲自酿造的。

巴塔还说过，如果不是岁数太大了，自己都想加入中国国籍。"据我所知，中国法律不允许保持双重国籍，但我又不会放弃塞尔维亚国籍。中国人真的是那么可敬，令人惊叹！"

# 导演才是老板

在半个多世纪的职业生涯中，巴塔几乎跟所有的南斯拉夫导演都合作过。

"我从来都很尊重导演。你要知道谁是老板：导演才是电影的主人。演员的工作，是给导演的作品添砖加瓦。"巴塔很早就对自己的工作有着清晰的认识。"你不能以我个人来衡量我的表演，而是要以整部电影来衡量我的表演。另外，聪明的导演很善于给演员建议，指导他们按照他的想法来表现。他不能完全依靠演员自由发挥，而是必须去想清楚，什么才是对角色最有利的。对于导演来说，我个人的想法并不重要，但是我喜欢跟导演交流、谈论角色。也有导演只是简单交代几句，就让我去演的，那也行，虽然我也可以就那样演。不过，我觉得最好的状态是，我能够在导演的要求范围内有一定的即兴发挥的空间。我喜欢把剧本里所写的东西作为我表演的基础，并在这个基础上加以建筑。我相信那样演出来的角色才是最好的。如果要我盲目地按照剧本的一字一句去

◇ 电影《桥》剧照。本图由南斯拉夫电影博物馆提供

做，那样的表演不会有什么亮点……"

巴塔关于自己的工作、关于电影、关于与导演合作的这些看法，对于电影事业的总体来说，是非常可贵的。

1978 年，巴塔受邀出演《瞬间》中的阿尔森一角。能够跟斯托勒·扬科维奇合作，巴塔感到非常激动，很受鼓舞。他们一起合作了七部电影。

《瞬间》一片改编自安东尼奥·伊萨科维奇的小说。为了研究阿尔森的角色，巴塔和斯托勒花了整整一年时间。

"不断挖掘，这就是研究角色所要做的。每一个角色，都是一次深入的耕作。如果有人让我去演理查三世的话，我得到乡下去住两年，清清静静地读书学习，全都学透了以后才能去演。"巴塔在谈论到如何研究角色的时候说道。

他就是这样为阿尔森的角色做准备的。电影《瞬间》是伊萨科维奇的文学造诣和扬科维奇的光影魔力的一次结合。这部电影是一个巨大的挑战，对巴塔来说，也是极为艰难的任务。他需要用最恰当的表演方法，克制过度的情绪起伏，以表现出角色的不断变化。

巴塔的演绎无疑是成功的，在1979年的莫斯科电影节上他获得了一等奖。而到了尼什电影节上，他凭借这部影片继续获奖。

"我从来都不会跟同事或者导演吵架。讨论和争论总是会有的，但是我从来都不需要通过吵架来表达我的观点，来说服别人同意我。也许这是我的错吧，也许有人会不喜欢跟我相处，但是我从未见过不愿与我交往的人。"

巴塔也经常和新晋导演们合作，他对每一位导演都尊敬有加。实际上，巴塔认为，有机会跟多位新晋导演合作，是他的幸运。

"我所说的新晋导演，说的不是他们实际年纪的大小或者从业时间的长短。有的人拍完第一部电影之后就变成老导演了，但有的人拍了四部、六部，甚至十部电影之后，还依然拥有着青春。那些七八十年代出头的年轻人，所依靠的不是天赋，他们受过良好的教育，值得信任。他们从我身上挖掘出新的东西，并且激发出那些我自己都没有发现的潜质。"

对新晋导演来说，巴塔是一个全新的人物。巴雷蒂奇、克雷索亚、格尔里奇、斯托勒·波波夫、巴伊奇、德扬·硕拉克……数不胜数，跟这些人合作，是非常愉快的事情。因为他们要求很多，他们清楚地知道自己想要什么，而且知道如何去获得。

"他们身上有很多东西值得你去学。每一个人都要求你是独一无二的。他们还有很好的一点，那就是他们对我的个性特点很尊重，但是他们在做事手法上也很激进：他们会逼迫你去做你根本没有想过的事情，通过坚定而强硬的导演手法，从你的身上挤出他们想要的特质。这对我来说，的确是个挑战。"

也有过其他情况——有的导演只需要巴塔在剧组里跑个龙套。

别数漏了，这里提到的新晋导演还有布拉伊奇、日卡·帕夫洛维奇和巴巴亚。布拉伊奇和帕夫洛维奇有过很多作品，巴巴亚的《布雷扎》非常出色。

跟硕拉克一起拍摄《火车上的小劫案》是一次有趣的经历。

"他在剧本上花了很多功夫，这些功夫花得很有价值，角色很有亮点。他让我演托多尔·斯特拉什尼。那是1918年一个来自里卡的绿林好汉。我开心得像个孩子一样。等我们开始工作了，我看得出那位年轻的导演，对荧幕上的托多尔该是什么样子，有着非常清晰的想法。在这点上我们很有默契。我主动从自己的身上'挤'出一些特质，而硕拉克'取走'了他所需要的部分，然后把不需要的'还'给我，指引我往他所需要的方向靠。整个表演部分，进行得相当顺利。既然已经做到这个份上，又怎么能不成功？"

而在拉伊科·格尔里奇的《施特菲查·茨维克》中，他演的是完全相反的角色：一位典型的塞尔维亚情人。脱下裤子之后，里面穿的是虎皮内裤。

"我不喜欢那样子。演那样的角色，我宁愿穿稍长一点的，看起来像几个月都没有换洗过的平角内裤。但是，我没有跟格尔里奇说，因为我看出他追求的是另一种效果。当然了，虎皮内裤跟电影中的其他东

◇ 电影《美丽的乡村美丽的山》剧照

西，其实是有联系的，尽管我没有看出来，我也没有必要知道。所以，我只需要听导演的话就行了。由于他脑子里想的是整部电影的全局，这点非常好，我们各自做好本分就是。"

还有必要提一下巴雷蒂奇、克雷索亚等等一些导演。

"很有必要信任年轻人，这些人就是最好的例子。他们的作品并非只有勇气，而是充满了灵魂和价值，这正是我们有必要帮助他们的理由。这就是所谓的投资未来。"

在年轻的戈兰·帕斯卡列维奇开始拍摄第一部电视片《服务生》时，巴塔就给了他大力的帮助。当时是1973年，条件最为艰难。巴塔向他提议，免片酬为他饰演主角。

"当我们为了寻找合适的取景地而去到穷乡僻壤时，我意识到我打错算盘了。戈兰的要求很多，事情千头万绪。我只好一样一样地去做。送佛送到西天上，我决定再给他一个人情吧：我担任他的导演助理，担任演员指导、服装师、司机、团队的经理人，以及与当地居民沟通交流的代表。后来，事情开始发生变化了，电影顺利地拍下来了。之后隔了一段时间，他在电影圈里站稳脚跟，他还继续请我去演他的电影。"

巴塔还特别提到了斯尔詹·德拉戈耶维奇：

"他天赋异禀，学术修养也很高。他使用特别的方式与演员们交流。他不是像萨沙·佩特洛维奇那样直接给演员出建议，而是说：'明天拍某某场戏，请你好好读一下台词，但是不要完全按着本子来，尽量在该范围以内，自由发挥。'这对我们来说，完全是新事物，是一种现代的方法。他用一种近似欺骗的办法，把演员骗上场，让演员面对突发的场面，本色出演，流露出真实的一面。这样的方法，取得了无与伦比的表演效果，观众们对此赞不绝口。"

巴塔参演了托里·扬科维奇的所有作品，他非常喜欢这位导演。托里·扬科维奇极有个性，精神世界极其丰富。

巴塔讲了一个关于他的故事：

"有一天他喝多了，爬到共和国广场上的马雕像的背上，并且开始大声朗诵。周围的人过来围观，警察也过来了。不一会儿，消防车也开来了，伸出了梯子，穿着制服的消防员爬上梯子，准备去营救他。消防员扶着托里，托里口中继续念念有词。过了一小会儿，消防员竟然跟托里一起坐在了马背上。我们不知道托里对消防员说了什么，那么有说服力，让消防员忘记了自己开着消防车过来的目的是什么。"

也许听起来有点奇怪，但是巴塔从来没有想过要当导演。巴塔回忆说，他只对一个剧本感到头疼，这个剧本在他脑海萦绕不止，他会不断地想起它。这就是托里·扬科维奇的作品，名字叫做《来自坟墓的拉多伊察》。

"如果我作为一名演员，也能去执导电影的话，也许是一件好事。我完全可以那样做，但是我不想。这讲究的不仅是知识和技术。技术和知识都是可以学的。一个人如果要成为导演，他一定要有非常丰富的阅历，需要有丰富的文化内涵，以及独特的天赋。这些条件我都不具备。我只想做我会做的事，其他的我一概不想。这样我就满足了。"

巴塔坦率地承认这一点。

巴塔做着自己的"本分"，不去涉足别的领域——始终如一的他，实现了大荧幕上一切的可能性。

当莫斯科的"金骑士奖"揭晓的时候，著名作家、编剧米罗万·维特佐维奇激动地写道："他以急行军的方式，进入了我们的电影世界。从那时起，多年以来，他日复一日地在荧幕上出现。我们面前的这个人，他才是第二次世界大战的主人。第三帝国也完全没有办法打败他。他宣判了法西斯主义的死亡，为人们带来了自由……看他的电影，就等于在看南斯拉夫的全部历史……有一句话，说得很好很幽默，那就是：无论是和平年代还是战争年代，我们看巴塔就足够了……"

所有的时代都是——巴塔的时代！

# 没有不好的角色


好的角色是怎么来的，要靠选吗？

超级巨星巴塔解释道："在设计和表演意义上，存在着三种角色：好、不好、糟糕。如果表演得好，那每一个角色都是好角色。"

很多人批评他既演好人，又演坏人。观众们认为，他应该保持一个确定的"人物特性"。

"那是毫无疑问的。我几乎跟所有的南斯拉夫导演都合作过。在索亚·约万诺维奇那里，我演喜剧人物；在韦利科·布拉伊奇那里，我演民族主义英雄；在萨沙·佩特洛维奇那里，我演个性极强的角色；在日卡·米特洛维奇和哈伊鲁丁·克尔瓦瓦茨那里，我演的是动作明星。在电影里，我还在所有的军队里服务过。在托里·扬科维奇那里，我演的是马里斯拉夫·佩特洛维奇这样的角色，这也许是全塞尔维亚民族最为仇恨的人了吧。而在《环游世界》一片中，我还演过女人。"

演员必须在导演的要求之上进行表演，竭尽所能为电影所设定的角

◇ 电影《桥》剧照。本图由南斯拉夫电影博物馆提供

色添色加彩。

"这是演员的本分与职责。不然的话，只能成为'被故事宠坏'的明星。我们总是看见顶尖的电影演员，就算在平庸的电影里，也表演得有声有色，远超出了电影的整体水平。所以说，演员们淋漓尽致的表演，才是电影的真正价值所在。"

巴塔总是按照别人的设计和要求去做，竭尽全力去满足导演的意图。

他从来不会对别人说："我就这样了，你们看着办吧。"

巴塔从来不会去挑自己最喜欢的角色，或者最容易演的角色来演，他从不挑三拣四。

"当我年轻的时候，能在克尔瓦瓦茨的电影里演几场戏，我就对自己说：'巴塔，这是你闪光的窗口。'的确是这样的！"正是因为拍摄克

巴塔谈在电影《瓦尔特保卫萨拉热窝》中把扫帚当成了枪

尔瓦瓦茨的《瓦尔特保卫萨拉热窝》、《桥》等电影，让巴塔赢得了世界观众尤其是中国观众的喜爱。

在拍摄《瓦尔特保卫萨拉热窝》时，还有这样一个小插曲：

"其中一幕是在影片的最后，火车即将进入隧道，游击队员和德军作战，这是一个有上千名演员参与的大场面，按计划，我应该端着枪从车厢里冲出来并加入战斗，但在慌乱中，我把枪丢在车厢里，而是错拿了一把扫帚就冲了出来，但当时所有的演员和工作人员都全情投入，没有一个人发现我手里拿的是扫帚。这一幕拍摄结束后，导演对大家的配合表示十

◇ 电影《瓦尔特保卫萨拉热窝》剧照。本图由南斯拉夫电影博物馆提供

◇ 电影《大炮》剧照

分满意并准备收工，而我只好硬着头皮走出来说——等等，我拿错了'武器'，我拿的是扫帚。"

结果，这个场景只好重拍。

巴塔曾经也是一个无名之辈，剧组里没有人认识他。但是巴塔有着很强的表演欲望，他想向所有人展现自己，也很想赚点钱……

"我后来知道了，表演就是我的工作。就像是写作、绘画，我其实是在为自己画画。如果在好莱坞的话，演员有很多角色可以选。但在这里行不通。在这里，演员必须有什么就演什么。"

就是这样，只要是能接的角色，巴塔都接了。

"连我不该演的我也演了。压根不该用演的，我也演了！"

不知道世上还有没有其他人干活这么勤快。1984年，在普拉举办的南斯拉夫电影节上，有13部电影（数量占了整个南斯拉夫电影产业的一半）中有巴塔的身影。这一成绩打破了巴塔自己原来一年演出11部电影的纪录。这一纪录被写入了吉尼斯！巴塔非常擅长组织和安排自己的行程，不管路途有多么遥远，他总是能够赶上自己的每一场拍摄。

他有一部电影在科尼茨拍，另一部在布德瓦拍，又有一部在巴茨卡·帕拉尼察，还有一部在贝尔格莱德……在一部电影里，他的头发被染成金黄色，而在另一部中他有胡子，第三部中没有胡子。如果一头金发的他来到另一个片场，而这里需要他留黑色头发的话，剧组为了不让他的金发露出来，就在他头上绑上绷带，让他看起来像是受了伤一样。拍完这一幕，他就又赶回去前一个片场，继续拍摄金发的戏。

不过，对于自己最喜爱的电影，巴塔还是有所考量的。

"不得不说，我首先想到的是《布雷扎》和《瞬间》。《内雷特瓦战役》和《苏捷斯卡战役》的制作同样很精良，不管演员还是工作人员，都是水平顶尖了……"他很难选出最喜欢哪部作品。

巴塔说，在演戏的过程中也经常有胡闹的时候，在喜剧等题材中他会玩得很夸张。他回忆道，有一次，他和尼古拉·西米奇戴着假发演戏……

"如果我说我演过的全部350部电影都是杰作，那一定是骗人的。不过，有那么10部电影，让我觉得很满意。我不是说我也犯过年轻的错误，做出蠢事。只是——简单说来，我必须赚钱糊口。因此，所有的电影题材，我都演过。我回想一下，我演过大量的喜剧，跟奴什奇、索娅·约万诺维奇、武科·巴比奇、斯托勒·扬科维奇等导演合作。那些角色并不全是主角。动作片我们就不提了。爱情片我也没有演过多少。那些作品不是我的代表作，我的表演让很多人失望吧。不过随着时间的流逝，人们都会忘记那些作品了，他们只记得'瓦尔特'。"

但正是巴塔演过的所有的这些角色，共同构成了他唯一的人物形

◇ 电影《苏捷斯卡战役》中的巴塔和米莲娜·德拉维奇

象——巴塔。

构成了伟大的巴塔。

像纪念碑一样的人物。

"我从不间断地在构思、建立、实现一个角色,这个角色有好的一面,也有坏的一面;有悲伤的一面,也有快乐的一面;有伟大的一面,也有渺小的一面。这角色没有完成的那一天,它漂亮而清晰的轮廓,就像是一条伟大的道路,我必须马不停蹄、至死不渝地走下去……"

角色、表演定义了巴塔的一生,这一定义将长久地保持下去。

# 为了不再有战争而"战斗"

那一场世界大战在很久之前就结束了，而巴塔从战争结束之后才开始冲锋陷阵、开枪射击、投掷炮弹、躲进防空洞、救助伤员、救死扶伤、奋勇杀敌、手刃叛徒……巴塔当了 30 年的战士、游击队员、指挥官、间谍、警察、消防员……，远远超过了世界大战持续的时间。

巴塔演过的战士

"在南斯拉夫的战争电影里，我待在丛林和山里的时间比待在家里的时间还长！"巴塔说这句话的时候，既像是玩笑又带着严肃。

的确如此，他拿起过所有的武器瞄准射击，也跟敌人近身肉搏，想方设法克敌制胜……

"谁也不知道我在苏捷斯卡、内雷特瓦、韦莱比特的路上跑了多少距离……如果有人数过的话，我一定比马拉松首创者菲迪皮德斯跑得都多！我用这既是'电影里的'也是真正的双腿，跑过了游击队的行军

◇ 电影《泽兰格拉山的山峰》剧照

路线，跑过了好几百公里。如果现在有人说要给电影里的军人颁奖的话，我胸前的星星一定多得我都数不过来！"

巴塔不仅是电影天才，他还是民族英雄。

他第一部"民族解放战争"题材的电影，拍摄于 1954 年。之后，他拍过的这类电影包括《科扎拉》、《苏捷斯卡战役》、《内雷特瓦战役》、《游击队员》、《红色土地》、《伤寒病人》、《城市上空的信号》、《荷美尔医生的兄弟》、《桥》、《爆破部队》、《瓦尔特保卫萨拉热窝》、《炸弹队员》、《红色攻击》、《三》等等。如果把他在这些电影中的战斗时间的话加起来，有足足半个世纪之长。

巴塔谈南斯拉夫的反法西斯战争

"像《科扎拉》、《内雷特瓦战役》、《苏捷斯卡战役》这样的伟大电

◇ 电影《苏捷斯卡战役》剧照

影，对塞尔维亚国家和民族来说有着至关重要的意义。不是因为它们能够带来票房收入，而是因为它们向世界讲述了关于我们民族抗击外国侵略的真相。它们追求战争的真实感，故事基本还原真实的战斗场面。电影拍摄过程中，动用大量飞机、坦克、大炮等装备，电影中的演员也是真实的军队战士。这类电影重现了战争的残酷，鼓舞了南斯拉夫的民族精神。但是，它们必须要有分寸，不能够妄自尊大。然而在一些时候，我们越过了这个界限。"

"我们没对战士们的心理进行过多的刻画，也许仅仅在《炸弹队员》和普利沙·乔尔杰维奇的三部曲《女孩》、《梦想》、《清晨》中对此有所涉及。托里·扬科维奇的电影有着非常美好的主题。他尝试把我们民族的战士的几种不同传统联系、融合起来。在电影《星星是战士的眼睛》中，他让一位老人站在了敌人的枪管前面，把老人塑造成纪念碑一样。在《红色土地》一片中，他对我们几个民族的手足情深、万众一心进行了深刻的描写。几百年前，被驱逐的斯拉夫人纷纷来到塞尔维亚，而当地的塞尔维亚农民为了保护这些斯拉夫兄弟、妇女和儿童，沐血奋战。"巴塔继续说，"诸如此类的真实故事，成为了非常感人的电影题材。这些伟大的故事，正是我们应该留给我们后人的人文财富。"

但是，轻易创作历史故事是不被允许的，尤其是关于我们血腥而残暴的革命历史的故事。巴塔拍过的数十部战争电影，大都是以真实的历史事件和人物为原型的。《瓦尔特保卫萨拉热窝》电影中的瓦尔特全名叫弗拉基米尔·佩里奇·瓦尔特，是萨拉热窝游击队的领导人，

"瓦尔特"谈真实的瓦尔特

◇　电影《桥》剧照。本图由南斯拉夫电影博物馆提供

在解放当天牺牲于他誓死保卫的这座城市，现在萨拉热窝还立着他的雕像。《桥》也是根据真实的历史事件改编而来。

　　"我们不能拿战争来当玩笑。我们所表演、所叙述的游击队员和战士角色，必须是我们的经典传奇中的，真实存在的、有案可循的人物角色。这才符合我们的传统。也许，我的传达没有那么成功。但是，我希望我能通过我的表演，拉近观众与这些英雄之间的距离，无论男女老少，都可以感受他们。偏差是在所难免的，这点完全可以理解吧，但是一定要把持好分寸和品味！绝对不可以冒犯到战斗的本质和美感。"（巴塔指的是塞尔维亚的民族解放战争）

　　巴塔始终认为，传统是通过各种艺术手段逐渐孕育而成的。

巴塔留意着人们，关心他们的想法，他意识到人们往往不知道，真实发生在我们身上的一切，让我们在历史上遭受了多大的冒犯……他意识到，大多数的年轻人对民族解放战争中最重要的事实并不了解。在巴塔看来，这给了他一个充分的理由，以革命理念的名义、以他的作为、以艺术的手段，重新呈现那一段为自由而拼搏的历史。

那些角色并不轻盈，不能即兴创作。诠释那些角色，需要知识，需要努力，需要充分的准备，需要投入体力。

"《伤寒病人》中的角色，对我来说甚为艰难。我必须减掉十六公斤的体重。而在《韦莱比特》中，我要克服零下三十度的低温。只有这样，我才能把角色呈现给观众……"

电影，不是因为人们忽然想拍才拍的，而是因为人们心里有这个强烈的愿望，非拍不可。人们拍电影是为了延续自己的理想。

"没有什么比艺术作品更能激励年轻人了。也许对于一些大型制作的电影来说，这样有点过了。但是电影中总有关于人、关于战争的平凡故事。战争电影一定要探讨人类的命运、要探讨暴风中的人、要探讨面临残酷死亡的人、要探讨人类的道德底线和人性的价值。战争从一个舞台搬到另一个舞台。我们不能忘却战争，因为我们要记住战争的代价和它的狰狞面目。我们要想清楚：要把战争描写成什么样子？我们该如何呈现杀戮场上的生命萌芽？因为在战争中，人们照

电影《瓦尔特保卫萨拉热窝》中钟表匠之死

英勇无畏的萨拉热窝人民

样生活、相爱、繁衍……我们通过展现这些方面，展现美好的人性理念，来歌颂出最美丽的自由赞歌。为了这自由，世界上太多的人付出了太惨烈的代价。"

在一段充满纯洁、充满人性、充满哲理的话中，我们可以清晰地看到，巴塔·日沃伊诺维奇并不只是"表演了战争"，我们看到了他之所以要"表演"的理由：为了把道德的理想传递给更多的人。

巴塔为了不再有战争而"战斗"。

巴塔为了不再有杀戮而"杀敌"。

## 精彩场景的背后：
## 《瓦尔特保卫萨拉热窝》及其他

"'替身'这个词对我来说并不存在！如果要让匿名演员替我去演那些危险的场面的话，我的名字就不配出现在演员表上。这对于观众来说，是一种不诚实的表现，甚至可以说是欺骗。如果演员表上写的是'巴塔·日沃伊诺维奇'的名字，那一定自始至终都是我在演。你们不要误解我的意思，这不是自吹自擂，我只是陈述我的观点。"

这是巴塔·日沃伊诺维奇在半个多世纪的职业生涯中，一直秉持的一种信念。

巴塔很平静地看待工作的危险性——这是他工作中不可避免的。他从来没有因为畏惧而缺席过某个角色，从来没有接受过使用替身的提议！他亲身体验了所有的危险。

"我总是带着演一出好戏或者出一个洋相的心情去演那些危险的场面！"

如果一个演员怕死的话，是无法把电影中的危险观感传递给观

◇ 电影《瓦尔特保卫萨拉热窝》剧照。本图由南斯拉夫电影博物馆提供

众的。

在电影《瓦尔特保卫萨拉热窝》的拍摄过程中，遇到了不少危险。

"其中一场戏，我要拿着冲锋枪，从萨哈特塔上顺着绳子爬下来。这样的动作，对作为王牌演员的我来说，本身算不上什么难事。只不过，绳子的顶端离地 35 米，全程只可以靠一只手拉绳子，另一只手要开枪。这一场景让导演都感到

巴塔谈拍《瓦尔特保卫萨拉热窝》中遇到的危险

了害怕。绳子把我的手掌磨破了，整只右手都是血。半路上我的外套还着火了，裹着我的身体，疼痛难忍。我跟克尔瓦瓦茨导演说，我的衣服着火了。他说，停止拍摄！那你再爬上去吧。我大声叫喊：'不要停，我爬不回去的，你们继续拍，拍成怎样就怎样！'很快我就落地了，继

续开枪射击。后来在电影上看,这一幕非常精彩!"

在电影《游击队员》中,巴塔曾两度踏在死亡边缘。

"当时我演一个游击队飞行员,从机库里把飞机开出来。那是飞机起飞前的一场戏。但是,那是一架非常旧的德国'猎人522'飞机,只有油门,没有刹车。在机库门前,还停着八架飞机,统统都满载汽油。我意识到,如果我还保持着同一个方向高速前进的话,我就会撞上它们。我必须加大油门来避免撞击。但是,我的一只机翼蹭到了另一架飞机的机翼,我的'猎人'失控而径直冲向那些停着的飞机。摄影机早就停下来了,所有人都惊慌地看着我。撞击和爆炸看来是不可避免的。我在迷糊中忽然想到一个办法:我还是得熄灭引擎,但是只能靠大脚呼油门来堵熄引擎。最终我停住了飞机,离撞击仅仅十几厘米。这可以算是我职业生涯中遇到过的最大危险了。"

在同一部电影中的另一场戏,巴塔需要停住一驾马车,而马背上有燃烧着的汽油桶,当他停住车后,正要从车上跳下来,油桶就爆炸。这样的一幕,是没有办法彩排的,必须得直接拍摄。当然,拍摄时桶里没有汽油,但是桶的确在燃烧,而且里面装了不定时炸药。忽然,马被火吓到了,开始乱跑。

"如果我继续追,随时都有可能发生爆炸。但是如果我放弃的话,我还得重新演好几遍。于是我再鼓一把劲,追上了马车,我不能从车后跳上去,因为有火。我只好从马车的一边跳了上去,拉住了马之后,立刻从车上跳下来。我的身体还没有着地,油桶就爆炸了。"

巴塔有一部名叫《杜布罗夫斯基》的早期作品,导演是一位德国人。巴塔在片中饰演一名被羞辱的俄国农民。他被人关进了熊的笼子里，熊的脚上被铐上了重重的锁链，它离巴塔仅仅只有五厘米。这头熊几天没有吃东西，人们这时候在巴塔的背上放上了几块面包和一块肉。

"导演一喊开拍的时候，人们把熊放开，熊朝我扑来。这一幕始终没有拍完，因为我拒绝这样拍。从那时起，我不允许任何人在摄影机前伤害我！"巴塔想起这一幕非常愤怒，就像是在恨自己。

有一年冬天，巴塔在波拉茨湖拍摄电影《好福气》，不幸患上了结缔组织炎。他住院住了一个月，打了90多针，最终康复后又要继续拍摄。

提到工作的艰苦，他想到有一次在匈牙利拍摄《虚假尺度》的惊险一幕。

"当时在结冰的多瑙河里拍摄，河上的冰块已经断裂了，我要躲到冰块下面，然后消失。我的手不能露出来。慢慢沉到水下，我才意识到怎么回事：我完全没有东西可以抓。我开始用手指挠，靠指甲去抠……最后幸好安全没事。"

电影《斑鸠》有一幕的情景发生在夜里，巴塔要从火车上跳下来，准确地落在摄影机前。在排练的时候，火车开得很慢，但是在正式拍摄的时候，火车开得快很多。剧组把射灯打开，正好照着他的眼睛。他看不见摄影机的位置，只好凭感觉去跳了。他正好落在了摄影机和射灯上——拍摄只好停止了。

巴塔还记得拍摄电影《科扎拉》时一个既危险又好笑的场景。

"韦利科·布拉伊奇想找一群群众演员，让他们在德国坦克冲向人群时跳上坦克。有三个女人，朝德国人扔铁锅和羊，坦克要朝她们碾过去。她们熟练地躲在了坦克两边履带之间的空隙里。周围的人看到这一

◇ 电影《繁华都市》剧照

幕，都惊呆了，而导演也异常激动，跑了过来问道：'姑娘们，你们受伤了吗？'穿着女装的达沃尔·安东里奇、米哈伊洛·科斯蒂奇和我从地上起来。布拉伊奇竟然还说要罚我们！"

既危险又好玩的事情，在《来自橡树林的人》的拍摄中也有发生：巴塔一头栽进了装水果渣的桶里，只看得见他双腿露出来。

"当剧组发现我溺水了的时候，我已经湿透了，冻僵了，马上就要失去意识。我出来之后，把所有的衣服脱掉，几乎光着身子跑到了咖啡馆，那里是唯一一个有热水供应的地方。过了好几个小时，我才彻底回过神来，意识到发生了什么。"

在拍摄电影《狂热》的时候，巴塔需要出现在离爆炸仅仅 20 米的地方。但是，巴塔想让场面看起来更加精彩，于是他又往危险的爆炸点走近了几米。爆炸力量非常大，重重地打在了巴塔的后背上。结果，巴塔又进医院了，一住住了十几天。

在一部和美国合拍的电影中，巴塔饰演一名西部牛仔。

"导演要我骑一匹白马，带着 30 多名骑士，冲到摄影机前面停住。我从来没有见过如此强壮的马。驯马师提醒我要小心这匹马，它跑太快的话会栽倒。我还能说什么呢：马全速冲到摄影机面前，然后果然栽倒了，我和马一起摔了个四脚朝天。导演说：'我不希望这匹骏马再摔跤了！重来！'他根本没有考虑过我！"

还有这样的一些场面。

在电影《与魔鬼的早餐》当中有一幕，一群农民要群殴一名前来购买粮食的官员（巴塔饰）。群众演员已经都找好了，是一群真农民，他们把这件事看得很重要，他们出手很重，巴塔只好默不作声地忍着。但是，导演过来干预之后，群众演员们开始失控，抓住巴塔的头和身体猛打。巴塔被激怒了，挣扎还击。农民更是变本加厉……

当被问到一场戏最多重拍了几遍的时候，巴塔准确地回答说66次。这一纪录产生于韦利科·布拉伊奇导演的电影《繁华都市》的拍摄过程中。

"在那部电影里面，我要演一个离开了家庭的下岗工人。有一天，他的儿子见到他，就开始扇他巴掌。导演要求我吃一连串五六个巴掌。但是，这场扇巴掌的戏，足足拍了两天。我算了一下，我一共吃了400多个巴掌。我晕倒了两次，差点站不稳。场景中和周围的女人要表现得很高兴，因为我演的角色把她们都惹了个遍，不过，她们看见我被扇了这么多个巴掌，反而都要哭出来了。来自贝尔格莱德的小瑟尔加，只有13岁，拍摄期间跟我住在一起，我们成了好朋友。当要扇我巴掌的时候，小瑟尔加哭着反复说：'巴塔大叔，对不起，我必须要这样做。'一直到第二天，韦利科说：'不是那样，要这样。'然后他打了我一下，示范给小瑟尔加看。整个剧组的人都走过来了，一边看，一边给打我的人鼓劲，一边还往烤炉上放食物烤来吃。因为，根据民间疗法，新鲜的牛排是治疗肿胀的良药，让肿胀很快消退，于是他们拿了很多肉到剧组来，号称是帮我'治疗'。"

在戛纳电影节的展映上，这个场景得到了观众最多的掌声！

巴塔还在一个电视情景剧里演过拳击手，那是一位拳击界的无冕之王。为了更好地诠释这个角色，他跟自己的"拳击教练"不断训练，结果被打得鼻青脸肿。

# 疼痛和伤病

意外会在你意料不到的时候发生。

在拍摄《瓦尔特保卫萨拉热窝》时，在清真寺，瓦尔特以一敌百夺取钟楼那一幕，就差点要了他的命。在拍摄他从钟楼顺着绳子滑下时，巴

电影《瓦尔特保卫萨拉热窝》中的清真寺战斗场景

◇ 电影《瓦尔特保卫萨拉热窝》剧照。本图由南斯拉夫电影博物馆提供

塔夹克衫中的酒瓶不慎被撞开了，酒洒落在绳子和夹克上。随着不断的摩擦，巴塔的夹克衫被引燃了。虽然如此，他还是艰难地拍完了全部镜头。巴塔说："如果再稍晚一点，火焰将吞噬我的全身。"

在拍《樱桃汁》这部电影的时候，剧组的工作人员在伊万尼察的莫拉维察河上搭了一条临时的桥，怎么都不会想到会有危险发生，结果巴塔却在此光荣负伤了。

"我演一名混迹演艺圈的经理人，手中拿着满满的演艺和广告业务订单。我只跟精英们打交道……忽然间，我遇到了竞争对手：我带着演艺界精英来到时，总有一个人在组织一些自发性的民间娱乐。竞争不是我想要的，我要想办法去应对这个局面。带着这样的想法，我走到桥上——然后跳进河水里。其中的象征意味是：我要跟群众对着干！"

桥的高度没有多高——也就四五米。在那个地方，莫拉维察河又窄又深。在正式拍摄之前，巴塔试了跳水。

"本来茨维塔·梅西奇是要跟我一起落水的。但是在搞清楚水下有什么东西之前，她不愿意跳下去。于是我只好一个人跳，我本来以为会轻盈地落入水中，结果我重重地摔在了石头上。那一下摔得很重……"

之后过了一两天，剧烈的疼痛让巴塔不得不去班尼察的医院接受治疗。拍过透视片之后，发现巴塔受了很严重的伤。巴塔的医生、教授布兰科·拉杜洛维奇博士和布兰科·内硕维奇博士，不仅担心巴塔的电影事业，甚至担心他日后的活动能力。巴塔在医院里住了三天，接受了针灸和按摩治疗，巴塔出院了，但是医生禁止他做一切幅度大的动作。

但是，巴塔就是巴塔。

"我又回到片场拍戏了。不然我还能怎样呢？我拍完了《樱桃汁》之后，又跟布拉伊奇拍完了《康查列瓦茨人》，跟米沙·拉多沃耶维奇拍完了《守承诺的男孩》。我还完成了《多萝西娅》。"

所有的这一切，都是在陌生的、不可能的环境下发生的：去医院，接受所谓的禁令，然后又去拍摄！

不过，德扬·卡拉克拉伊奇的电影《性感区域》和兹得拉夫科·索特拉导演的电视连续剧《工作坊的故事》最终没有完成拍摄。

"我辛苦了三个月，不断工作，不断拍片，以为身上的伤会自己痊愈。但是，并没有。当我身上的疼痛忍无可忍，我去了泽蒙医院找了阿尔泽格瓦茨医生，他给我做了手术。那时候是 1980 年年底。"

巴塔还继续做那些看起来不可能的事。他爬到更高的地方，跳下来，摔伤，反正，什么都做……他在萨瓦区长大，很懂得如何跟疼痛和伤病相处。

但是，在那些特技场面里，真的是什么都会发生。那些最艰难的镜头，巴塔永远亲自上阵，神奇的连续意外事故就这样发生了：在短短一周时间内，他遭遇了三起事故。

第一次意外是这样发生的：当时在拍摄《内雷特瓦战役》，一天下午两点，人们通知他第二天五点必须要赶到片场，片场在戈尔尼·瓦库夫。火车将于 17 点从贝尔格莱德出发，凌晨五点将到达泽尼察。从泽尼察转车后，再坐三个小时才能到瓦库夫。

"对我来说，导演的话就是命令。我准备开车去，尽管在《内雷特瓦战役》的电影合约里，明文规定我不能开车……但是我没有其他的交通工具。最糟糕的事情发生了——我遇到了车祸。左前轮忽然爆胎，车开始翻滚。我在车里滚来滚去。我用手顶着玻璃，腿撑着车厢两侧——等着车翻滚完停定。之后，我从昏迷中醒来，等了三个小时，交警才来，他们看了看我有没有喝酒……我没有受什么严重的伤。"

第二次意外发生时：巴塔正坐在《内雷特瓦战役》剧组俱乐部里。有人喝醉酒了……

"人们说，那个人随手把瓶子一扔，而我的头就像吸铁石一样，把瓶子吸过来了。瓶子打在我的头上，马上就碎了。我晕了过去，后来就什么都不知道了。"

第三次意外是在拍摄中发生的。博里斯·德沃尔尼克和巴塔开着车。

"车的前轮爆胎了，立马就翻到了路边的沟里。这一次我还是运气好，没有怎么受伤。博里斯也只是受了点皮外伤。"

什么都会发生。你永远都不知何时更加危险、更加严重、更加离奇。

"应该说，最严重的一次是在拍萨沙·佩特洛维奇的《三》时发生的。我在沼泽地里拍了很多场戏。水和泥漫到了我的膝盖，我摔倒了起不来，浑身都湿透了，我开始溺水……"巴塔在回忆这段难忘的经历。

很多这样的场面都是现场拍摄的。在普雷德拉格·格鲁博维奇的《红色部队》电影里，巴塔在750米深的洞里表演！而在帕斯卡列维奇的电影《喜欢火车的狗》里，巴塔在摄影机和观众面前驯马。

为了拍《凝视太阳的瞳孔》，巴塔要减重17公斤。

还有很多很多，巴塔身上神奇的事情太多了。

◇　电影《三》剧照

　　"很多观众都不知道。也许他们不知道才更好。因为，如果观众们知道一个演员在拍戏时真正在做什么，如果他们知道演员脸上的血是用鸟的蛋调出来的，如果他们知道那面致命的铁丝网是用软橡胶做的，如果他们知道戏里的武器放的都是'空炮'——他们也许就会对电影无动于衷了。"

　　现在我们来说一些有趣的轶事吧。

　　在拍电影《梦》期间，在休息时，巴塔曾经开着坦克驶过特雷西亚大街！

在《空中飞行中队》中，他驾驶飞机是实际拍摄的。开始他在地上练，后来能起飞了又不会降落，但 50 天后，他竟成了一名合格的飞机驾驶员。

他还把一群羊带到了特雷西亚大街！那是在拍摄电影《阿娜贝拉》时的片段。

在拍摄电影《疯狂的人》时，巴塔演一名侦探。工作人员在他豪华的梅赛德斯奔驰汽车里贴上了警察的标志。有一晚，巴塔悄悄地等他的朋友从"红十字"剧院里出来，然后开车追赶他们，就像他们做了违法的事一样。

现在如果有人对他说："那时候真好！"

或者说："那时候真轻松。"

"没有人有资格说那样的话——除了我自己。而我想说的是：'那时候真好，但是也很不容易！'"

# 英雄"瓦尔特"

在半个多世纪的职业生涯中，巴塔塑造了数十个各式各样的游击队员形象，因而被称为"传奇式的游击队员"。他具有很好的气质和形体条件，身材高大，魁梧威严，充满智慧的双眼深嵌在脸膛上。他身手不凡、无往不胜。也因此成为观众心中永不倒的英雄"瓦尔特"。

无人能敌的瓦尔特拳

"有的演员要以他所做过的事情来定义自己，以外的东西一概不知。这样往往以悲剧收场。我有一些好朋友，在他们强大起来之后，却犯了错误。这是他们所处环境铸成的错，而不是他们自己的错。如果可以这样说的话——错的是那些喜爱他们的人。"巴塔这么认为。他是一位走过荆棘道路、历尽艰辛、最终取得皇冠的人。

你要么成为失败者，要么成为英雄。

在现在这个时代，你可以成为英雄吗？我们的这个时代，英雄还

◇ 电影《桥》剧照。本图由南斯
拉夫电影博物馆提供

需要遭受苦难和折磨吗？

"总有人是你所羡慕的，你所希望成为的。我是属于那种只能依靠
自己的艰苦努力，最终取得世界性成就的选手。"

另一方面，有的人以自己所羡慕的人为榜样，以那些榜样来激发自
己的精神和智力。

"我年轻的时候，很多人问我，我的偶像是谁。我总是觉得那是个
滑稽的问题。因为，我又不能够成为别人。我不能说，'巴塔是斯潘
塞·特雷西'，或者以其他演员来定义我自己。为什么我不能以他们来
定义自己？过了那么多年了，他就拍了 50 部电影，而我拍了 350 部。
现在到了该别人把巴塔认作是英雄的时候了。以前，萨拉热窝的年轻
人有一个习惯，当他们在街上看见我，会对我说：'皇帝啊，你在这儿
呢？'或者说，那个在中国的"瓦尔特"……"瓦尔特"对中国人来说

是个偶像。我跟《人民日报》的记者朋友聊过，他大概是这么写的：没有必要向中国人介绍那个13亿人都见过的人。而在这里，一份本地的报纸写道，好几百万观众看过巴塔的电影。我问那个记者："你为什么不写得准确一些呢？"他却告诉我，他不相信任何人。那么，按他所说的话，我们也没有必要相信他！但是，真正的问题是，为什么13亿人都见过我？我去过很多次中国，我知道中国人无论老少

电影《瓦尔特保卫萨拉热窝》经典台词

◇ 电影《瓦尔特保卫萨拉热窝》剧照。本图由南斯拉夫电影博物馆提供

都喜欢看电影。我们这里却没有这样的传统。在中国，瓦尔特是个奇迹。就像神一样！虽然我也不知道神是什么样的。他们崇拜瓦尔特，因为对他们来说，瓦尔特是英雄形象的代表。瓦尔特的电影在中国上映了 40 年，有那么多的人看过，一点也不奇怪。"

我们这里还有一样事物，或者是习惯：如果你是"英雄"，或者正走在成为"英雄"的路上，因为你已经做出了受人注意和欣赏的事情，那么人们就会把你看做是领袖，或者某个帮派的成员，巴塔帮。巴塔的同时代的人们，就是这么命名他和推广他的。毋庸置疑，巴塔是人们心中的电影教父——阿尔·卡朋！

"我从来不赞同搞什么帮派。很久之前就有人说有帮派出现了，后来时间证明了，帮派是不存在的。我们的国家太小了，在艺术问题上，不能做黑帮的勾当。如果一个剧院有确定的取向和确定的剧团，有各种人、各种文化和各种政治背景组成的集团，那不能算是帮派。简单说，人们只是为了发展共同的志向，而别的人却会认为那些发展得成功的团体一定就是帮派。多么愚蠢的事啊！帮派是以前的东西了，已经不合时宜了。"

"我的帮派，就是我的家庭！"

# 不是情圣

巴塔·日沃伊诺维奇并不擅长饰演如"塞尔维亚大好人"和"塞尔维亚大男人"这样的情圣角色。在《瓦尔特保卫萨拉热窝》这样的电影里，巴塔饰演的英雄出神入化、无所不能，但都与爱情无缘。

"如果我在演情圣的角色的时候，也像演战士、农民英雄那样卖力的话，我大概也能够演好吧。不过，我从来也不愿意采用夸张的表演方式，因为我单纯地看到，那样的表演方式在我身上是行不通的。那样的角色，需要的是懂得灵活变通而内在统一的演员，而不是像我一样，横如蛮牛的人——这种人往往不是好的情圣。从来没有人专门写情圣的角色给我演。不过这样也许更好，因为人们已经把我看成是国家级演员，专门演工人和农民的定型演员，所以如果他们看到我在爱情场景里出现，会感到很羞耻吧。"

巴塔的话虽然是这么说，但是在现实生活中，他不是那种不善于经营感情的人。

◇ 电影《复仇》剧照（1986 年）。巴塔和维斯纳 · 奇普西奇

　　另一方面，色情的因素是微不足道的，而巴塔出演的电影中，从来没有出现过这样的因素。所有的裸露镜头，都是巴塔所不能接受的。

　　"让其他的年轻演员去拍裸戏和床戏吧。那对我来说太羞耻了。我当了那么多年的演员，我的身体已经展露得够多了。"

　　也许，他在拉伊科 · 格尔里奇的电影《生活如虎口》中，展现了最

◇ 电影《生活如虎口》剧照，巴塔和维托米拉·罗恩查尔

多的肉体。在电影中他按照他自己的方式进行了表达。

而这又有什么"奇怪"的呢？

在那部电影里面，巴塔演的是一个彪形大汉。剧组的服装师为他准备了虎皮内裤。内裤上还写着"我想要吃"的字。但是，导演瑟尔江·卡拉诺维奇还特意给他量身设计了一些细节。

巴塔，他演的角色叫做特洛克利尔尼，虎背熊腰，光着半个身子，在房间里走来走去，怀里抱着女演员维托米拉·罗恩查尔。维托米拉是一位克罗地亚演员，在电影里饰演的角色叫做施特菲查·茨维克。

按照剧本，他们之间的对话是：

**巴塔**：我的姑姑去哪儿了？

**施特菲查**：去波斯尼亚克鲁帕了。

**巴塔**：太好了。我在工作的时候，不喜欢我的姑姑在公寓里走来走去。你在上学吗？

**施特菲查**：不上！

**巴塔**：太好了！我不喜欢上学的女孩。

**巴塔**：他妈的，跟我说实话，姑姑一整夜都不会来，你在这陪我吧，好吗？

**施特菲查**：好吧。

**巴塔**：那么，就这样说好了。你有烟吗？他妈的，你把衣服脱掉吧。

**施特菲查**：那可不行。

**巴塔**：你过来。你是害怕吗？啊？你要知道，我不是坏人。我懂女人的心。你只需要大声叫到："啊，就这样，啊"就行了，然后晕过去，求我停下了。我们塞尔维亚人就是这样的。

这一段对话，或者准确地说，这一句话："他妈的"成为了一句经典的台词，它在对白里反复出现，男女老少都挂在嘴边……直到今天。

女演员维托米拉·罗恩查尔曾经说："我很高兴能演施特菲查·茨维克，跟我搭档的都是优秀出众的演员。这个角色让我大红大紫。我们拍那一场戏，拍了整整两天。后来我有见过巴塔，不过我们没有交往。"

当然了，巴塔不是大情圣，不擅长谈情说爱……

在历史大片《多洛特伊》中，在决战前夕，他和丹尼察·马克思莫维奇有过一段短暂的激情戏。

类似的片段，还有包括在《还是这条路》中与拉德米拉·日芙科维奇的激情演绎，以及在《巴尔干快车》中与塔妮娅·波什科维奇的激情缠绵。

"在安德·巴巴亚的电影《白桦树》里面，我流露了最多感情，我甚至流下了眼泪。但是，这部片从来都不被认为是最优秀的克罗地亚电影，无论什么时候，人们都不把它看作是一部杰作，原因很荒谬——因为饰演主角的是塞尔维亚演员！"

有一次，电影《一个女人》当中有一个片段非常性感——火辣辣的性感。

另外，在电影《与贵妇合影》拍摄过程中，当时最美的全球佳丽之一、法国明星罗密·施耐德，甚至还叫巴塔作——同性恋！

"那些日子里，她好几次挑逗我。有一次，她光着身子来到我面前……但是，我当时正好和卢卡待在隔壁屋子里。我看见她，于是想：'这是怎么回事……'从此以后，她就把我看成同性恋了。"

对于巴塔来说，与十个德国敌人搏斗，都要比演一幕亲热的戏来得容易。在他看来，演亲热的戏既不轻松，也不舒服。

"有一次，我和已故的玛伊达·波多卡尔在斯洛文尼亚合作拍戏。有一幕，我们在床上亲热，忽然之间，警报响了，灯灭了。我们身边的剧组人员都跑了，而我们俩还半裸着躺在床上。过了一会儿，门开了，灯亮了，我的妻子卢拉进来了，对我说：'警报都响了，你们就停不下来吗？'我说：'什么事都没有发生，我这是在工作呢！'"

面对记者的问题，巴塔反问道："你们难道愿意在 50 人的众目睽睽之下亲热吗？你无论如何，都没有办法忽略那些灯光、那些摄影机、那些剧组工作人员，而你也没有办法脱离你的剧本。那是不可能的！"

巴塔就是这样用心打造每一个角色，每一个角色都是千差万别，丝毫不相像。他是怎么做到差别化处理每一个角色的？也许，导演戈兰·帕斯卡列维奇曾经透露过其中的奥秘："巴塔把每一次表演，都当做是自己的初次登台，总是把每一次表演都看作是一次新的冒险、新的尝试、新的创造。"

的确如此。

# 演艺事业成功的秘密

巴塔总是倾听同行和影评人的意见，不仅如此，他还听取普通观众的反馈，这就是他演艺事业成功的秘密。人们总说：灵感是必须

◇ 电影《桥》剧照。本图由南斯拉夫电影博物馆提供

电影《瓦尔特保卫萨拉热窝》中的激烈战斗

的；适合你的角色是必须的；听导演的话也是必须的……

巴塔在谈到自己的做事方式时说："首先最重要的是工作中的努力投入和严守纪律。对于每一个工作的人，这几点都是举足轻重的：准时到岗；不要拖累团队；恪守职责；跟与你共事的伙伴和朋友处好关系……我从来都不会、也不愿在别人面前以明星自居。我们当中有的人是那样的，在西方就更不用说了。"

在一次采访中，巴塔说道："工作就是我的生活习惯。对任何的角色，我都不会拒绝；对于采访请求，我也不会拒绝。这就是我的工作和生活。另一方面，从来没有我不喜欢的角色。如果真要我说的话，也许我更喜欢喜剧吧。因为在喜剧片中，我可以即兴演出。啊，你不要问我理论，我认为，演出是没有理论和定义的。艺术和文学也许需要天赋，但是演出不需要，演出所需要的是你不懈的努力。"

无论何时，巴塔对每一件工作都全力以赴。比如，为了培养游击队员的气质，他曾深入部队，向那些战士学习。在拍戏的时候，巴塔总是竭尽全力地把每一个角色演好，力求精益求精。当电影上映之后，他继续关注电影的票房。任何的首映仪式，只要邀请到他，他都出席。

"对我来说，首映仪式在哪里举行并不重要，不管是在普拉、福尔尼亚茨卡·巴尼亚还是尼什，还是其他小地方。只要电影在那里上映，而我收到邀请，我就一定去。我很喜欢出席首映礼，无论是在诺维萨德、尼克什奇、波德戈里察、姆拉德诺瓦茨、丘普里亚、贝尔格莱德……"

为拍摄萨沙·佩特洛维奇的《快乐的吉普赛人》中吉普赛人米尔特的角色，巴塔下了很大功夫。

"我到阿帕丁附近的吉普赛村落里，跟真正的吉普赛人一起生活了几周。在拍戏时，我穿的衣服都是这些吉普赛人给的。"对于巴塔来说，这是很难忘的经历。

巴塔谈体验生活

有一天，剧组里出现了八千只鹅。"贝金·费赫米乌饰演的贝利·博拉与我在漫天鹅毛里决斗。背景里，咖啡厅驻唱歌手奥利维拉·卡塔琳娜唱着'Gyelem, Gyelem'（罗姆人的国歌）……"

◇ 电影《快乐的吉普赛人》剧照

巴塔和贝金演技精湛，甚至让真正的吉普赛人都以为他们有吉普赛人的血统。他们以为巴塔和贝金是因为演戏而赚到了很多钱的吉普赛人。

在总结到自己的职业规范的时候，巴塔简单地列了几点：

·对于我来说，台词就是一切。

·最危险的是让角色来适应你自己（的个性）。

·演员只是一份工作，不是你的命运。

·如果不顺其自然，很容易造成不良效果——你就不能把你扮演的角色释放出来。

·每演完一个角色，你就迅速抽身离开！如果过于入戏而不可自拔，我的电影生涯早就结束了。

·我所有的担心，都是杞人忧天。一位好的导演，像萨沙·佩特洛维奇，一定懂得帮演员把担忧抛到九霄云外。

·为角色所做的准备，必须脚踏实地，尤其是电影角色，一定要吃透才能演好。

·作为一位演员，对我来说，正面和反面两个概念之间，只存在很微小的差别。

"对我来说，要扮演虚伪的人、腐败的人、卑鄙的人、渺小的人往往并不容易，比扮演正面的角色更为困难。幸运的是，我既有机会扮演正面人物，也有机会扮演反面人物。这多多少少跟我的长相有关系。当导演让我去演正面角色的时候，总会要求我蓄起胡子。他们以为，那束胡子足以让我的长相在电影中变得正面起来。正因为这样，我的朋友常常开我玩笑说：'巴塔，你真轻松啊，只要蓄起胡子就什么都能演了！'既然这束胡子能让我的脸产生如此'奇妙'的变化，我在日常生活中也愿意蓄胡子了。"

有趣的是，从电影事业起步开始，巴塔就经常演年老的人，脸上总是挂着胡子，鬓角也很浓密。这个形象一直陪伴着巴塔，他总是被人当成是老人。当记者们开始写他的时候，也把他当成了老年人来写。巴塔甚至时不时得掏出身份证，向别人证明他是位年轻人。

在谈论到角色时，巴塔诚恳地说：

"在我演过的 350 个角色当中，肯定有一百来个角色是我不愿意想起的。观众们一般也想不起他们。不过，也有的角色是观众想不起来的，而我却特别喜欢。比如说，电影《黑色女孩的踪迹》中抓狗人的角色。那是我最喜欢的戏之一，我演的时候，把自己想像成是一只狗。我到周围去'嗅肉'，跟狗学说话，吠来吠去，跟它们学怎么撒尿，做了狗所能做的所有动作。有的电影，像《瞬间》那样，能够给我带来情感。电影《大撤退》里面的情绪太沉重了，我看着都难受。经过这么多年，一些微小的细节都能唤起我的情感。以前你需要去调动感情，而现在，感情会自动找上门来。"

巴塔就是这样，在一个个角色之间，来去自如。

有人喜欢瓦尔特，有人喜欢爆破队，有人喜欢投弹兵，更有人喜欢巴塔演的喜剧英雄。有人称赞他，有人贬损他，人们对他的欢喜和厌恶总是有理有据，但也无缘无故。有人对他说："你

巴塔谈高难度的角色

不要去演别的角色，你生来就是战士。"又有人说："够了，那个巴塔我们看够了！"这都自然而然，十分正常。巴塔所从事的事业，正是所有人都可以加以评判的。

"我有幸能和所有的南斯拉夫导演合作，而他们每个人对我都有所要求，这让我感到很满意。也许是因为我总是在吸收身边的某些东西，但我不确定那是什么：我喜欢跟优秀的人在一起，比如我们民族的代表者，比如某位战士，比如某位农民，比如某位不起眼的'草根'工人。也许这就是我能在一部一部的电影之间来去自如的原因吧。"每一个伟大的演员，都有自己的成功之道。

巴塔演过工人和农民，演过正面人物，也演过反面角色，甚至还演过女人。不断地扮演的不同的角色，是一个奇妙的旅程，也是一次珍贵的经历。巴塔从中悟出了一些金子般的道理，这些道理，对于任何演员，以及任何有意踏进演艺事业的年轻人来说，都是高屋建瓴的：

·抽身离开每一个你演过的角色。这很困难，也许是最难的事情。

·如果你把自己和要演的角色等同起来，那是非常危险的。必须尽快忘掉。对我来说，这从来不是问题。有的演员不能把自己从角色当中释放出来，那完全是他的自我问题。你不能一辈子都在演同一个角色！

·你必须不断地工作，不断地，不断地！

·等或者选——都会让你走下坡路，让你碌碌无为，让你穷困度日，让你无戏可演。

·如果我要等戏拍的话，我一定会挨饿的；如果我长得特别帅气，我也会挨饿、挨穷、无家可归。因此，最重要的是：你本身的样子和你做事的方式，以及你将为后人留下点什么！

　　巴塔留下了 350 个角色。就连他自己本人，都不知道哪个角色演得最好，哪个演得最糟，哪个最受人喜爱。他跨越了所有的题材，征服了所有刻薄的影评人，征服了挑剔的观众……

　　2005 年，在采访过后，记者让巴塔自己选 20 部自己拍过的最喜欢的电影。于是，在长长的清单里，巴塔圈出了这些：

　　《不飞的鸟》、《美丽的村庄美丽的山》、《更好的生活》、《巴尔干列车》、《神圣的职责》、《战争的结束》、《看不见的奇迹》、《灰色的家》、《生活如虎口》、《你好，出租车》、《喜欢火车的狗》、《瓦尔特保卫萨拉热窝》、《布雷扎》、《爆破队》、《快乐的吉普赛人》、《三》、《科扎拉》、《博士》、《没有时刻表的列车》和《库姆巴拉的歌声》。

## "日沃丁亚"、"瓦尔特"
## 和"布里加"

　　人们爱给巴塔起各式各样的外号。这些千奇百怪的外号，都是根据电影、演出、电视剧来起的，一个接一个，像波浪一样。有的外号流行的时间长一些，但最终还是被新的外号取代了。

　　"巴塔"是他的第一个外号，原意是"小弟"。有说法称，巴塔在尼什的表演学校学习的时候，有一位同名同姓的前辈——韦利米尔·日沃伊诺维奇·马苏卡，这位前辈是剧院的院长，是他给巴塔取了"巴塔"的外号。有一天，马苏卡对把他说：

　　"我们同名同姓。你最好在你的名字里面加上'巴塔'两个字吧，好让别人把我们区分开来。"

　　于是，"巴塔"这一外号，伴随了他一生。

　　后来，巴塔还有别的外号："日沃丁亚"（原意：动物）、"瓦尔特"、"布里加"……

　　每一个外号都有独特的标志和象征意义，在人们口里，像传染病一

◇ 电影《瓦尔特保卫萨拉热窝》剧照。本图由南斯拉夫电影博物馆提供

样传来传去。

"我拍完《瓦尔特保卫萨拉热窝》之后，人们开始叫我做'瓦尔特'。但是这个外号真正流传开，是电视剧《瓦尔特》上演之后的事情了。人们在街上看见我，就会大叫：'看，瓦尔特！'"

而在中国，流传的只有"瓦尔特"这个外号。就算到了不毛之地的戈壁沙漠，只要人们看见他，就会叫他做"瓦尔特"。

也有很多人把巴塔当成是他演过的游击队员。

"那个'日沃丁亚'的外号真是愚蠢极了，既是奉承，又是嘲讽。

我倒是无所谓。第一次叫我外号的是索娅·约万诺维奇。她是一位非常优雅、让人难忘的女士。我们在科尔斯曼诺维奇剧院排练的时候就认识了。当时我什么都做，什么都能做，能打也能跳，非常卖力。她便给我起了'日沃丁亚'（动物）这么一个外号，象征着'努力'而'坚韧'的意思。"

在其一生中，巴塔无数次阐述了"日沃丁亚"这个外号的意义，一直到最后，也顽强地与病魔抗争。更不用说他几十次亲自出演危险镜头而不用替身。他做的这一切，都阐述了这个外号的真正内涵。

还有这么一件事。

巴塔腿上长了坏疽，塞尔维亚的医生们都建议他截肢，以保住性命。但是他却选择远赴古巴治疗，因为古巴有一种新药。不过，古巴的医生说，这种药还没有在人体上试验过，只是在动物身体上用过。对此，一直陪伴巴塔治疗的女儿叶莲娜对医生说：

"在塞尔维亚，人们叫我爸爸做'动物'呢！"

听到这样的话，这位古巴医生也笑了起来。

不过，被观众们叫得最多的，应该是"布里加"这个外号。

"布里加"是巴塔在德拉甘·拉兹奇的电视剧《小树林村的村民》里饰演的一个角色。这个角色的形象设计得非常好。在这个故事里，布里加总戴着三角帽，魅力独特，耿直单纯，非常深入民心——他每天只说一句话，观众们却因此而特别喜欢他。

"当我接受布里加的角色，就像是我故意去犯一个错误那样。人们以为我是不重视电视剧的演员。但是，电视剧的工作人员，就像我们拍电影的人一样认真。那次我正好遇到了好的剧本，于是就接了这个角色。我去拍电视，并不是给任何人卖人情。当然，布里加受观众喜爱，不会对我造成任何阻碍。但是，我没有因此而止步在这一个角色，也没有过多地去发挥它，把它搬到别的舞台上。因为我知道，如果我不放下布里加，不继续向前走的话，对我的事业没有任何好处。最后我就会定型为布里加了，以后再演什么角色都没有用。我会成为布里加这个角色的牺牲品，对于作为一个演员的我来说，是非常不好的。"

有人说，在电影故事的那座村子里，布里加真有其人。

"那我就不知道了。不过在我们乡下，真有不少布里加这样的人。"

巴塔继续补充道：

"布里加不是什么金矿，也不是什么魅力与幽默的结合体。简单地说，只是在我之前，没有人演过那样的角色。布里加只是一个普通的塞尔维亚农民，这样的人可以一成不变地生活三百年，无论怎么改变，是福是祸，他都能默默忍受而始终如一。任何'危险'的话从他的口中说出来，也变得不危险了，因为

◇ 电视剧《小树林村的村民》剧照，巴塔饰演布里加

111

他是一个漫画般的人物。布里加是一个非常健康的人物形象。"

巴塔从这个角色身上得到了什么呢?大放异彩?并没有。大发横财?也没有。也许,给他带来的仅仅是观众们狂热的喜爱。当人们见到他,就会朝他大喊"布里加"!

"有一次我在特雷西亚大街停下车来,就有一位警察打着手电小跑过来。

我对他说:不好意思,我放下点东西,马上就走了。

他说:别担心,布里加,我给你看着车。说完还给我敬礼。"

"我希望我有时候能不去想布里加。但是,好吧,这个角色仅仅活了它该活的时间。如果它的生命太长,就会变得单调和无聊了。"

所有的一切都有自己的起点和终点。

一切都会过去。

不仅仅是外号,连真实的名字,也莫过如此。

在巴塔身上,有一件事是肯定的:他的外号都会过时,会被抹去,会被遗忘,也会永垂不朽,然而没有一个外号会盖过他名字的光芒——巴塔。

# 两个"大帝"和一个"皇后"

巴塔不断获奖，各种各样的奖项接踵而来，多得巴塔自己都不记得它们都是谁颁的了，也不记得奖杯拿回来以后放在哪里了。在贝尔格莱德和科拉契察的家里，陈列柜里都放满了。

巴塔自己最为看重的奖，应该是 1979 年在第 11 届莫斯科电影节上夺得的奖了。他在斯托勒特·扬科维奇电影《瞬间》中主演了阿尔森这一角色，凭此而获奖。这部电影的剧本改编自安东尼奥·伊萨科维奇的散文。讲述了抛下家庭去战场参加战斗的阿尔森的命运。战争结束后，当他戴着最高军衔，回到自己家乡时，才听说所有亲人都被枪杀。与《瓦尔特保卫萨拉热窝》、《桥》、《苏捷斯卡战役》等战争电影不同，它讲的不是胜利，而是战争的残酷。

巴塔没有期望能获奖，于是他没有前往莫斯科，而是留在贝尔格莱德继续拍戏。忽然，有人从莫斯科给他打电话，对他说："你马上去赶飞机！"

　　在那一个神圣的夜晚，著名的苏联导演斯坦尼斯拉夫·罗斯托克把精美的金像颁给了巴塔。罗斯托克在颁奖时，甚至还亲吻了巴塔，这是从未有过的。

　　评审团由 15 位专家委员组成，其中包括著名的德桑蒂斯、卡瓦雷洛维奇、克里斯蒂安·杰克斯、查罗夫斯基、罗斯托克、瓦夫拉等人——所有的人都投了巴塔的票，把"男演员金奖"颁给他。其中还有三位评委把最佳电影的票投给了《瞬间》。

　　当《瞬间》在电影节展映结束后，人们致以了不同寻常的敬意：全

◇ 电影《瞬间》剧照

场观众和评委起立，掌声雷动。

巴塔回忆起那一幕，说道："我们的同胞表现得最为疯狂，特别是来自塞尔维亚石油公司和和阿斯特拉公司驻莫斯科的代表和工人们。在颁奖的时候，他们的反应让举止克制的莫斯科观众们大吃一惊。当颁奖嘉宾念出我的名字后，一大批人聚集在了剧院的门口。我当时马上就猜到一定是我们南斯拉夫的人民了。他们没有电影票，想让门卫放他们进去，最后他们如愿以偿了。他们推着一架花车，像暴风一样冲进了大厅！他们一定把整个莫斯科所有花店的花都买光了。在场的观众们回过神来之后，报以更加热烈的掌声。"

"从那一刻开始，一直到第二天早晨我坐飞机离开，一切都美好得像是一场梦。记者会开了一小时四十分钟，其中三十分钟做了采访，不过我根本搞不清楚采访我的记者是哪家报社的，也不知道他来自哪个国家。很多电视台都来拍摄了。我们还在克里姆林宫的格里高利宫享用了晚宴，参加了舞会。法国导演克里斯蒂安·杰克斯在祝贺我的时候还说：'从来没有见过一位演员得到如此高的待遇。'"

对于很多人来说，《瞬间》这部作品，是巴塔的最为辉煌的巅峰时刻。

"战士阿尔森跟我以前演过的其他角色都不太一样。《瞬间》整部电影的核心思想是人的灵魂、人的生存状态，我必须要把这个角色理解得足够透彻，才能最终把它掌握在手中。"

奖项当然是美好的事物。但是，它们到来之后，也会离去。所以，每一次都是新的开始。

巴塔谈电影《瞬间》

对于巴塔来说，在莫斯科脱颖而出，意味着什么呢？

"这就像是一枚奥运的长跑奖牌！运动员除了不断地跑之外，没有其他的事情可以做。而我也是一样，不断地跑下去。"

《瞬间》不是昙花一现，而是持久的辉煌！

当一切都是那么的严肃时，总会发生一些好笑的插曲。

巴塔很喜欢尼什的电影节。他在那里拿到过三个最佳男演员奖——"君士坦丁大帝奖"。但是，在巴塔的陈列柜里面，并没有摆着三个"大帝"，而是摆着两个"大帝"和一个"皇后"。

"特奥多拉皇后奖"是尼什电影节的最佳女演员奖。有一年，组委会阴差阳错地在放"君士坦丁大帝"的盒子里错放了"特奥多拉皇后"，并且就这样颁给了巴塔！

"后来，他们让我把'皇后'还回去，换回'大帝'给我。但是我拒绝了。毋庸置疑，莫斯科的'金奖'是我一生中拿到过的最有分量的奖，不过，这个'皇后'才是千金不换的。"

有人认为，衡量一位演员是否成功的标准，应该是：参演电影的数量或者获得奖项的数量。不过这些都是身外之物。

"这是错的。奖项，是我们演艺事业当中最大的麻烦。我知道，你会说，巴塔获奖无数，站着说话不腰疼。但是，客观来看，这些奖，能给我和其他的演员真正带来些什么呢？给我们带来什么帮助了吗？我告诉你们：一点都没有。在美国、俄罗斯或者世界上其他地方，获奖意味着你所做的得到别人认可，同时也意味着你明天和后天的工作都有了保障。但是，在我们国家，奖项是一种抽象的施舍，没有任何意义，不能给人带来任何实质性的帮助。你可以数一下，我们的演员当中，有多少人是在获奖之后就失业了的：人们给他们颁完奖，之后就弃用他们了。各种各样的奖项，对我们来说，都只是一种安慰式的幻想。数量很多，但是毫无意义。反正我们都心知肚明，这些奖项跟演员的艺术造诣，根本没有半点关系！”

巴塔还说过一句富有哲理的话：

“我们（演员）身后能够留下来的，不是奖项，而是电影！是作品！”

贝尔格莱德电影研究所做过一项问卷调查，调查对象是影评人和电影人，让他们选出 1945—1976 年之间最好的影片。在回收的 152 封答卷中，统计结果为：第一名《快乐的吉普赛人》，第二名《瞬间》，第三名《清晨》，第四名《没有时刻表的列车》，第五名《布雷扎》。在这前五名的电影中，除了《清晨》以外，其他都是巴塔的作品。

# 伊丽莎白·泰勒、理查德·伯顿
# 和邦达尔丘克

巴塔·日沃伊诺维奇有幸和很多世界知名的电影明星合作，并且通过他们介绍，认识更多的电影同行——伊丽莎白·泰勒、理查德·伯顿、尤·布赖纳、谢尔盖·邦达尔丘克、奥森·韦尔斯、亚当·韦斯特等等。

电影《内雷特瓦战役》在波黑的崇山峻岭中足足拍了 18 个月，其间演员们都住在波黑的田迪什特。那里有两所房子，从外面看平淡无奇，而内在无奇不有。这两所分别是铁托和兰科维奇①的私邸。

伊丽莎白·泰勒和理查德·伯顿住在其中一所，而卢拉和巴塔住在另外一所。

---

① 兰科维奇（Aleksander Ranković, 1909—1983），前南斯拉夫共产主义者联盟领导人之一。1928 年加入南斯拉夫共产党。1940 年当选政治局委员。第二次世界大战期间参与领导反法西斯游击战争。战后历任内务部长、副总理、联邦执委会副主席、劳动人民社会主义联盟总书记等职。1952 年起为南共联盟政治局委员。次年当选副总统。1958 年出任中央书记。1966 年被解职，并被开除出南共联盟。

　　"伊丽莎白是个很棒的女孩，非常活泼，她身边总会发生很多趣事。每天早上，都有一架直升机来接伯顿，将他送到其他地方。伊丽莎白每天都朝伯顿挥手，直到他登上飞机为止。我们两户人共用一位女佣。女佣告诉我们，每天晚上她都要在伊丽莎白床头的茶几上放两个杯子，一个装威士忌，另一个装可口可乐。因为她一醒来就必须喝这两样东西。伊丽莎白很美丽，但是算不上世界上最美的女人。最美丽的也许是梅里

◇ 1973 年，巴塔和理查德·伯顿一起拍摄电影《苏捷斯卡战役》

尔·斯特里普。"

而理查德·伯顿更是世间奇人。

有人说，他往杜布罗夫尼克运了一整船的威士忌。然后再用直升机把威士忌转运到田迪什特。每天他都是坐着直升机或者劳斯莱斯来到片场。

"跟理查德·伯顿相处并不是一件轻松的事。每天一早他就开始喝酒，在拍摄的时候，我不得不拦腰扶住他，好让他不至于一头栽在地上。中午之前拍到什么就是什么了。之后他就不省人事。我不懂英语，否则非骂他不可。"巴塔尖锐地说道。

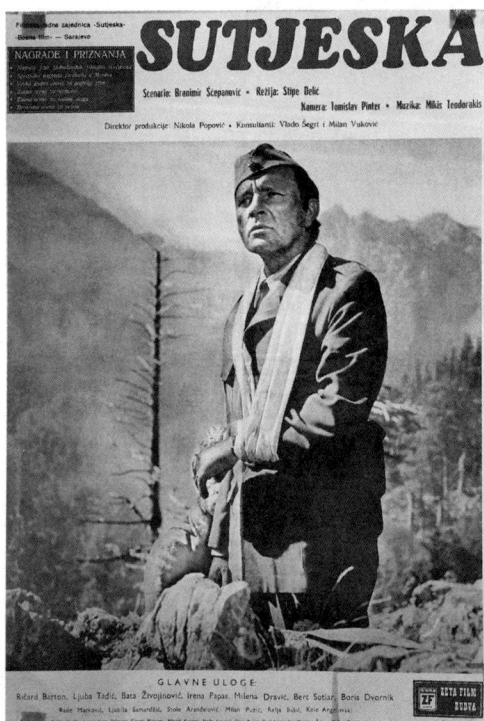

◇ 电影《苏捷斯卡战役》海报。理查德·伯顿在其中饰演铁托

　　理查德·伯顿先后在南斯拉夫史诗级的二战大片《内雷特瓦战役》和《苏捷斯卡战役》中饰演铁托。多年之后，在被问到对理查德·伯顿饰演的铁托的评价时，巴塔不留情面地说：南斯拉夫有非常合适的演员可以塑造出真实生动的铁托，完全可以比他演得更像我们的铁托，他并不是最合适扮演铁托元帅的演员。但他是好莱坞大明星，为了影片的国际影响，就请他来演了。

　　巴塔说，如果你当自己是上帝，那样是不会长久的。

　　巴塔说，他也遇到过非常好的人，比如：尤·布赖纳。只要不用工作，他就拿起吉他，跟我们的演员一起边弹边唱。

　　人们经常问巴塔：谁是你的榜样？

　　"如果我必须要找个榜样的话，那得是谢尔盖·邦达尔丘克。他的作品《人的命运》，是我非常崇拜的电影！他在片中的表演是无法超越的。我也希望自己能演那样的角色。邦达尔丘克是才华横溢的演员和导演，他得过奥斯卡奖。他能够利用那么少的预算，拍出那么伟大的电影。我必须用奥斯特洛夫斯基的话来形容他：一位演员身上要么有太多的悲剧色彩，要么有太多的喜剧色彩，如何去把握分寸，才是真正的艺术所在。邦达尔丘克正是这样的艺术家。"

　　巴塔和邦达尔丘克成了很要好的朋友。他们一起合作拍电影，互相拜访，称兄道弟。两人曾经当了六个月的室友。人们从俄罗斯给他们寄来红酒，也从巴塔的家乡克斯玛依寄来当地的酒，他们互相分享。巴塔到过谢尔盖在莫斯科的别墅做客，而谢尔盖也到过巴塔在科拉契察的家做客。

　　"我很喜欢看那些著名的演员在生活中是如何表现的，不仅仅看他们演戏。在那些巨星云集的电影里，我们只是跑龙套的，别人只有在喝醉酒的时候会把我们当人看，才会跟我们做朋友。我没有办法和天王巨星抢风头，但是，他们在我们国家，也没有办法跟我们抢风头。在自己的国家，这些天王巨星无法摆脱狗仔队和公众的关注，来到我们这里，他们难得可以逍遥自在一回。"

◇ 巴塔与导演谢尔盖·邦达尔丘克

第三章

# 荧幕之外

## 铁汉柔情——与卢拉的爱情

在人的生命中，最重要的是——爱情！

1957 到 1958 年间，巴塔认识了朱莉雅娜·杜山诺维奇·卢拉。当时卢拉还是个孩子，而巴塔也只是个小伙子，他比卢拉年长 7 岁，当时在贝尔格莱德剧院当演员。卢拉的家就在剧院对面。她曾经在"卢拉"舞团里跳过民族舞，在"红星"俱乐部打过篮球。

卢拉在回想起那些日子时，她记忆中的巴塔是一名小混混，穿着红色的短袖衫，以自我为中心……陪伴着巴塔长大的那群伙伴们，卢拉也认识。巴塔时不时会去找卢拉，问她："小女孩，你在做什么呢？你是干什么的……"

卢拉承认，她对巴塔一见钟情。

巴塔带着伤感的心情回忆道："我的第一次尝试，应该是我邀请她一起迎接新年。她一个人在家里等着，做好了准备，穿上了新买的一套衣服，而我并没有出现。她哭着睡着了。跨年活动结束了，卢拉的父母回到家，看到了坐在椅子上哭的女儿，就问她：'那个男孩在哪儿呢？'可怜的姑娘，都不知道该如何回答。"

几天之后，两人又见面了。

"我们都会吹口哨。我像什么都没有发生一样，吹着口哨，甜美地笑着问她：'你来啦？'她冷淡地问道：'你有病吗？你那晚为什么没有来？'而我说：'啊，我也不知道啊，我不知道你当真了……'"

卢拉当时还很小，只有17岁。也许是这一点把巴塔吓住了。当他看到卢拉去训练的时候，甚至感到了嫉妒。他对卢拉说：

"你为什么穿那么短的裤子走来走去啊！"

日子就这样一天天过去，又到了迎接新年的时候。

"我决定再次请她一起迎接新年。但是，这一次她没同意。她要跟自己在体育学院的伙伴们一起去，我心急如焚。那天晚上，我五次去到她家门口按门铃，她都没有给我开门。第二天早上，我请了一位朋友帮我去接她。我这位朋友叫做朱罗·诺斯。我坐在'姆拉瓦'酒吧，几乎喝醉了，还给钱让一个罗姆女人在我身边打鼓。我让朱罗帮我带句话给卢拉，告诉她如果她不来的话，我就再去请她。她最后来了，从这一天起，我们就认认真真地谈起了恋爱。"

那年夏天，卢拉第一次做大胆的事。由于当时卢拉的母亲和父亲都不在家，由姑姑来照顾卢拉。巴塔请卢拉到马其顿的斯科普里，到他姐姐纳达家过夏天。纳达嫁给了外交官马里安·佩特罗夫斯基。卢拉痛快答应，坐上火车出发了。

"我们在那里过了三四天，就有电报打到斯科普里剧院来了。电报是卢拉的爸爸发来的。电报是这么写的：您的演员韦利米尔·巴塔·日沃伊诺维奇，以嚣张而欺骗性的方式，把我尚未成年的女儿拐走了。如果在 24 小时之内，他不把我的女孩带回来，我就要报警了。"

佩特罗夫斯基说：

"我们一定要给杜山·杜山诺维奇先生回信！"

卢拉立刻说："我一定要马上回贝尔格莱德！"

她被吓到了。她的爸爸就在车站等着，没有责骂她，只是说：

"孩子啊，你怎么可以这样做呢？年底就要毕业了！"

1960 年，卢拉考上大学，而巴塔接到了征兵的通知。

于是他决定："我们结婚吧！"

就这样，1960 年 8 月 28 日，巴塔和卢拉结婚了。证婚人是叶莲娜、瓦尼亚·卞尼亚什和演员德巴·波波维奇。巴塔和卢拉后来的女儿，就取了跟证婚人叶莲娜一样的名字——叶莲娜。

巴塔去了维索科服役，卢拉怀了身孕，由巴塔的妈妈照顾着。巴塔进入了炮兵队，成为了一名预备军官。后来巴塔跟随部队转移到扎达尔。

"当我们的小孩 1961 年 1 月 31 日出生的时候，我还在拍戏。他们等着我取名字。我说：'那就叫米利科吧。'孩子的教父是韦利科·布拉伊奇。韦利科的爸爸的名字也叫做米利科。"

巴塔的新家庭跟巴塔的父母、姐姐一起生活了四年，所有人住在一套两居室里。卢拉和巴塔有一个单独的房间，他们第二个孩子叶莲娜就是在这个房间里出生。

终于，城市议会给他们分了一套公寓，新的公寓坐落在巴诺夫山上。斯托勒·扬科维奇用自己在内伊马尔的公寓跟巴塔置换了巴诺夫山的公寓，并在巴诺夫山的公寓里设了自己的办公室。

"一下子，我们的居住条件由一间卧室变成了一套 80 平米的公寓房。在我看来，就像住进了酒店。就是这样，我们的孩子在内伊马尔长大，在卡拉乔尔杰维奇公园玩耍着长大……"

"大多数时间，卢拉都是一个人。我一场接一场地拍戏。当时的情况也只能这样子。"

"卢拉为我和对整个家庭付出了很多的爱与宽容。她不再打篮球，也不再跳舞。她的舞跳得非常美妙。兹得拉夫科·硕特拉曾经说过，与卢拉相比，电视剧《脸贴脸》中的米莲娜·德拉瓦茨要逊色多了。所以，卢拉还曾经参加过米连科·马里西奇所导演的《天空旅行》中角色格罗兹丹娜·奥璐依奇的试镜。后来有演出开始请卢拉去客串，但是我没有让她去。在 20 出头的年纪，卢拉就已经意识到家庭才是最重要的，她很用心地照料着家庭。她承担起一切。就算是夏天的假期，她也总是一个人带着孩子过。我从来都没有时间放暑假。"

卢拉非常善于打理和计划家庭生活。

"卢拉是名副其实的女英雄！多亏了她，我才有这样的家庭做我的依靠，我才可以安心地在外面努力地工作。她从来不用我为家庭操心，她把一切都扛在自己的肩膀上。她说当她看着孩子健康成长，成为善良而努力的人，就会感到幸福。"

巴塔深情地看着妻子，希望用关注来回报妻子。对于巴塔来说，鲜花所庆祝的不是生日、周年纪念日或者三八妇女节。鲜花代表的是每一天。他送花给卢拉，给她惊喜，跟她开玩笑。

卢拉问道："这次是庆祝什么呢？"

巴塔回答："没有什么特别的，只是工资到账了！花店又正好开在了我账户所在的银行边上。"

卢拉和巴塔曾经也"每天都吵架"。

"不是什么大事，都是鸡毛蒜皮的小事，关于家庭的琐事和别人的八卦。但是，吵完架之后，他们的感情却更好。从来都不一定谁会先认错，因为他们俩都是会承认错误的人。"巴塔的亲戚这样说道。

虽然巴塔对食物并不挑剔，但是卢拉的厨艺总是让他无法抗拒。巴塔喜欢吃甜食、甜点和蛋糕，而卢拉非常擅长制作这些美食。当她不用工作的时候，她很花心思钻研烹饪。当家人大快朵颐的时候，卢拉总在他们身边伺候着，看着家人们吃饭，卢拉感到非常享受。孩子们争先恐后地叫着："给我点这个，给我点那个。"

"人们都知道，卢拉一定要等我一起才吃饭。而早晨的咖啡，是我们的默契。"

卢拉和巴塔的朋友圈非常广。朋友们相聚不需要什么理由，不用等到节日或者生日，就会即兴地聚在一起。他们总能为相聚的快乐腾出空间。久而久之，家庭之间的几代人都成为亲密、可靠、互相尊重、互相支持的好友。他们喜欢一起打牌（特别是拉米牌），喜欢开玩笑，交流社会上的资讯，谈谈拍电影时遇到的趣事……

"在舒服的氛围中，喝着上好的红酒，我们总是有说有笑。人们知道卢拉喜欢唱歌。卢拉哼一段基本的旋律，然后我会跟着唱和声。我们什么歌都唱，比如达尔马提亚民歌、流行歌曲，还会唱塞尔维亚民族歌曲。我特别喜爱奥利维拉·德拉戈耶维奇的《我的海鸥》这首歌。还喜欢两首马其顿歌曲：《薇拉你说谎吧说谎吧》和《卢拉拉和亚娜》。我从小就听我的两个姐姐，纳达和斯塔尼斯拉娃唱这两首马其顿歌曲。哦，当然，俄罗斯的《我的米莲姬蒂》也是我的最爱。"

有时候，巴塔还会给当时贝尔格莱德电台夜间节目主持人梅尔西哈·乔拉科维奇打电话，让她播放他点的歌曲。他们会在广播的音乐声中放声歌唱，就像是跟一群志同道合的人们一起唱某一个时代的赞歌那样。

巴塔的孩子们也在他的这些好朋友的陪伴下长大，他们在这种美好的友情中成长，并且会把这份感情传承下去。

来巴塔家参加聚会的人总有不愿意离开的，总有人想多抽一支烟，多饮一杯酒。那个时候，巴塔就会回到卧室，穿上睡衣，在卧室门口对卢拉说："卢拉，我去睡觉了，你也别太晚！"

两人之间总是非常宽容。不管面对什么挑战，都宽容以待。也许卢拉有时候有过怀疑、有过嫉妒，但是两人从来没有遇到过婚姻危机。卢拉常常跟着巴塔去到拍摄现场，感受着巴塔工作中的一切。两人都认为保护家庭是最重要的事情。

有这么一件轶事，有一次卢拉看见巴塔在一位女演员的身旁，有点生气。巴塔对她说："你相信我还是相信自己的眼睛？"

两人结婚五十周年的时候，巴塔半开玩笑半当真地准备跟卢拉到乡下科拉契察的教堂去补办一场婚礼。他们希望把孩子和家人都聚起来，举行一场正式的仪式。巴塔对卢拉说，要让她穿上婚纱。但是，找不到大家都合适的时间聚起来，这件事就只好取消了。

"这是我欠她的！如果不是她一直陪伴在我身旁，我就无法成为今天的我。她支持我。我生活中所有美好的事情，都是来自于她。对于怎样把日子过好，她总是很有想法——她滋养我，安慰我，给我力量。我

◇ 巴塔与妻子卢拉

从来没有爱过别的女人。"

"铁汉柔情"是这一位电影明星的真实写照，他没有半点犹豫，没有半点大男子主义。卢拉是与巴塔同舟共济六十年的伴侣。

对于巴塔来说，卢拉不仅是爱人，还是灵感，是依靠，是顾问，是家庭的栋梁，是女英雄……

"跟她在一起我很幸福。这是毫无疑问的！"巴塔的这句话重复了几百次。

多年以来，各种各样的疾病缠绕着这个坚强的英雄，而忠实而勤快的卢拉，日日夜夜地照顾着巴塔，她对巴塔的每一个动作、每一个表情、每一个眼神、每一句话都了如指掌……

只有她才懂得巴塔的需求和愿望。

她才是巴塔的身体和灵魂的医生！

唯一的医生，也是最好的医生。

还是他不可替代的使者。因此，2016年2月，卢拉代表巴塔接受了菲斯特电影节为对电影艺术做出过卓越贡献的人而颁发的"贝尔格莱德胜利者奖"。这个奖也可以说是颁给卢拉本人的。因为，卢拉也是胜利者！真正的胜利者！

# "儿女情长"

儿子米利科出生的那天，是巴塔·日沃伊诺维奇生命中最重要的日子之一。那是 1961 年 1 月 31 日，当时巴塔正在泽尼察拍摄由韦利科·布拉伊奇导演的《繁华都市》。

巴塔和韦利科是很好的朋友，互为对方的证婚人，以及孩子的教父。巴塔给儿子取名"米利科"，和布拉伊奇父亲的名字一样。

小小的米利科·日沃伊诺维奇在妈妈卢拉的悉心照顾下渐渐长大。几年后，女儿叶莲娜也出生了。而巴塔总在不停地拍电影，一年里要拍七到八部电影，很少在家。曾经发生过一些家庭趣事，现在说起来都不可思议。

有一次巴塔离家很长时间了，他回到家，当女儿叶莲娜看到爸爸在门口的时候，大喊道：

"妈妈，妈妈，巴塔叔叔来啦！"

有一次，米利科在翻看家庭相册，看到一些

巴塔儿子谈家庭生活

◇ 1972 年,《政治画报》杂志封面上的巴塔一家。妻子卢拉、女儿叶莲娜、
  儿子米利科

巴塔穿着各种制服，带着各种帽子，留着胡子的照片，然后问道：

"爸爸，这些人都是你吗？"

在孩子还很小的时候，每次巴塔从片场回来，全家就立刻启程回乡下科拉契察去住几天。那里对他们来说，是一片安静的绿洲。

"我们经常回科拉契察。那里的环境让我们感到很自由。那里的一切都是那么美丽、舒适、温暖。"巴塔说道。

开朗的卢拉总是面带笑容地说道："巴塔努力工作，我把他的成功看作是我自己的成功。我从来没有感觉自己被忽略或者被低估。孩子和家庭对于巴塔和我来说都是生命中最重要的东西。如果家里和孩子有事情让他担心的话，他就没有办法专心工作。"

他们过着丰富多彩的生活。卢拉有时候会带着孩子去到巴塔拍电影的地方，陪上他几个月。在见不到面的时候，他们就打电话聊天。

巴塔在回忆起孩子童年的时候他如此说道："我的孩子们有着充实的童年。他们有机会参与很多部电影的拍摄。另外一点好处就是，如果拍摄时间长的话，他们可以不去上学。当然了，两个孩子都是好学生，所以老师们很乐意放他们去拍戏。对于孩子来说，那些虚构世界里的有趣经历，是很快乐的童年时光。我相信对他们来说，那都是难忘的回忆。还有别的情况：卢拉陪着我拍戏，而孩子们交给奶奶照顾。那样对所有人来说，都是一个痛苦的夏天。"

有时候米利科和叶莲娜也会争取出镜演戏的机会，但是并不太顺利。他们出演的机会很少，也就演了两、三部电影，也没有正式的演艺生涯。叶莲娜还试过报考表演学院，连续三年考了三次。她还考过萨拉热窝的表演学院，也没通过。她总是觉得，是巴塔给学校打电话让学校不收她的，因为巴塔反对她当演员。在那个年代，社会上不是特别接受演员的子女去当演员。

幸运的是，叶莲娜在备考表演学院的同时，也在语言学院学习，因此没有浪费太多时间。

"我是一位专制的家长，而我的子女必须接受这一点。凡是涉及到规矩和道德的问题，我的态度从来都是果断坚决的，孩子们不能期待我网开一面。米利科很好地继承了这一点，他对待他的家庭也是如此。"

巴塔教会了自己的孩子诚实做人。孩子们去到哪里都没有以"巴塔的孩子"自居。

"我想我只打过孩子们一次。那次是因为他们从自己的存钱罐里偷钱出来了。我一直都很后悔……"

但是，巴塔最终得到了谅解。

"我不能因为我的身份和发生在我身上的事而责怪孩子。我小时候经常转学，而叶莲娜也一样。她在第二十五中学转到了第八中学……后来因为想成为心理医生，再次转到了第十四中学。后来她改变主意，想读数学学院。第一次考试，她考得非常差，哭着说不想再读了。我告诉她，'没关系，还有其他学校……'"

成熟、健康、开朗的米利科找到了正经事做了——足球。他和朱罗夫斯基、格拉赤诺夫兄弟等小伙伴们入选了"红星俱乐部"的青年队。据说，米利科的表现很出色，离一线队伍水平并不远。

"他也许有机会成为顶尖的运动员，但是他自己的路要由他自己来选。"米利科倔强的性格，跟父亲巴塔像极了。

◇　巴塔与孙子和孙女合照

另一条路是：入读法学院，毕业后马上成为律师。

米利科结过两次婚，有三个孩子：蒂娜、韦利米尔和米莲娜。最大的孩子蒂娜大学毕业之后在伦敦一家营销公司上班。韦利米尔（以爷爷名字命名）和米莲娜都还在上学。

叶莲娜也结过两次婚，她的第一次婚姻维持了几年。在结婚前，她准备跟未婚夫弗拉迪米尔（他的父亲同样是演员）搬进他的父亲刚刚盖好的房子里去住。巴塔站在门口问她：

"你是以什么身份搬过去的呢？"

叶莲娜的哥哥开玩笑帮她打圆场:"爸爸,放过她吧。"

尽管巴塔知道他们很快就会结婚,但是他还是想确保他们尽快结婚。而叶莲娜必须那样做。

后来叶莲娜的婚姻出现了问题,巴塔对孩子说:

"孩子啊,你们难道不知道该怎么做吗?要为自己的婚姻奋斗啊。"

叶莲娜和丈夫两人都想努力挽救婚姻,继续在一起。但是他们没有成功,他们和平分手了。叶莲娜和第一任丈夫有两个孩子:现年23岁的叶丽萨维塔和19岁的尤里安娜。

"孩子们已经习惯了我保持对生活的要求。卢拉对于家庭非常热心,斗志昂扬,像头狮子一样。但是,为家庭订立原则的人是我。这些原则是以幸福和睦为基础的。对我来说那是生活的全部。我可以说:'我们健康地活着才是最重要的。'"巴塔在谈论到家庭组织和家庭关系时说道。

巴塔认为自己最终还是宠坏了叶莲娜。叶莲娜有小名"杜达"或者"叶莲察"。

"我特别想要一个女儿,所以我对女儿说,要不是我的话,就不会有她。我不想她当演员,我都不记得我们为此吵过多少回了。真是有其父必有其女啊!"

2000年前后,叶莲娜第一次去古巴,巴塔非常难过。叶莲娜对爸爸说:"你为什么难过啊,我又不是到世界的尽头去!"

巴塔回答道:"你就是去世界的尽头啊。"

巴塔觉得那是一次大冒险。而叶莲娜得到的是一份外交界的工作,有自己的办公室,有很好的收入……她在古巴待了两年,工作结束之后，她就返回了塞尔维亚。

与此同时，叶莲娜爱上了一个古巴人，他的名字叫马尔克斯。他跟叶莲娜一起回到塞尔维亚，跟她有一个儿子，奥布拉多·桑切斯。很遗憾的是，这个孩子患有先天性唐氏综合征。那段时间对所有人来说都异常艰难。有医生建议他们把孩子留在孤儿院，但是整个家庭都无法接受。

叶莲娜很快从外交学院毕业，拿到了文凭，开始找工作。她再次获得了古巴的职位。2004年，她再次启程向那个阳光明媚、令人向往的国度出发。

但是，她的婚姻再一次破裂。

"她可能是个女强人，所以男人们很难与她相处。她大概是从卢拉和我的身上继承这一团火的。简单地说，男人们很难承受那一股力量。而我的古巴女婿也很难承受孩子的病。他们没有保持联系。奥布拉多是个很可爱的孩子，现在12岁了。他跟妈妈一起住，去上特殊学校，在学校里人们把他当正常孩子一样对待。我们从来不需要把他藏起来。而在古巴，这样的孩子也得到周围人们的照顾。"

叶莲娜在古巴生活得很好。她是使馆的二等秘书。除了古巴以外，她的工作还兼管四个国家：多米尼加共和国、牙买加、海地和委内瑞拉。在多米尼加共和国居住着很多塞尔维亚人。

"你看，没有一个孩子在我身边，全都远在天边。但是，对我来说最重要的是他们都能做自己，有自己的想法。希望他们都健健康康的，有手有脚，有争取自己的生活的能力。每个人都能成为自己生活的主角。"谈到自己分散在天涯海角的家人时，巴塔惆怅地说道。

巴塔很希望他的家人都在自己身边，在"红十字"街区……或者只要离他近一点，哪里都好。好让他能感受到家庭温暖，能看到孙子的笑容，感受到孩子的温柔。

# "狮子"铁托

多年以来，巴塔和他的电影同事们多次前往普拉参加电影节，在那里，他和作为狂热电影爱好者的铁托相识并成为朋友。

巴塔很会说笑话，铁托很喜欢他。有一次，巴塔对铁托说："总统同志，您的房子可真不错啊。"铁托回答："不，那不是我个人的，那是国家财产。"巴塔马上回答说："国家财产？那就是说我也可以在夏天带着我妻子来这里度假啦？"

铁托经常邀请巴塔前往坐落在万加岛上的夏季官邸聚会。铁托在这里接待过政治圈和电影圈的各路名人。巴塔很高兴地接受了邀请，因为他觉得铁托是一个伟大而有趣的人物，他很喜欢铁托。

巴塔说："我很荣幸受到铁托的赏识，铁托喜欢我演的电影，我到过他的官邸。我还去过他的小车间，因为他当过钳工，里面有一台机床，可以加工一些小零件。他邀请我到他家里去，主要想了解人民对他的评价，想听听民间流传的关于他的笑话。"

◇ 巴塔与铁托夫妇

巴塔谈与铁托的交往

"铁托和我的见面，从不拘泥于任何礼宾礼仪。我们玩得很开心。他总让我讲笑话，讲那些民间流传的关于他的笑话，那些别人在他面前不敢讲的笑话。他听了之后总是哈哈大笑。"

有一次，在布里俄尼，巴塔对铁托说：我不能什么话都讲，因为有人偷偷听着呢，随时会把我关进监狱。于是铁托把身边所有的人都赶走了，并对巴塔说：

"没事！谁会来抓你呢？在我们国家里，只有我才能抓你。别怕，是我让你讲的。"

就这样，巴塔成为某种意义上的"线人"。

142

铁托知道这一点，经常夸奖他。

导演巴巴亚开始了电影《布雷扎》的拍摄。巴塔要演一个来自扎戈耶的农民的角色。人们对巴塔能否演好这个角色感到怀疑，摇头叹息，但还是给了他这个机会。因为，一个纯正的舒马迪亚人来演主角，也需要一个扎戈耶人来演配角。扎戈耶人一般只有克罗地亚演员才能演好。

"扎戈耶的方言，有着美妙的语言旋律，是我听过最好听的。人们说话的时候，就像在唱歌。他们说的每一句话都有旋律。在电影开拍之

◇ 电影《布雷扎》剧照

前的一个月，我一个人去了扎戈耶，我在村子里跟一位老太太住在一起，最后终于学会了扎戈耶方言。导演原本都计划找一个克罗地亚演员来顶替我了。"

看完这部电影，铁托对巴塔说：

"你真棒啊，扎戈耶人！"

"我不是扎戈耶人啊，而是舒马迪亚人！"巴塔有点儿生气地回答他。

"对我来说都是一样的……"铁托冲口而出。

"可能对您来说是一样的，但是对我来说并不是。"巴塔不想保持沉默。

铁托敏锐地注意到了这个细节。无论什么，都无法逃过铁托的火眼金睛。

铁托还去到《内雷特瓦战役》的拍摄现场，跟巴塔一起观看拍摄好的片段，铁托发现在片中饰演自己的理查德·伯顿，喝得醉醺醺的样子。

铁托转向巴塔，对他说道："巴塔啊，天啊，我打仗的时候，从来没有喝得如此烂醉！"

伯顿总是醉得像烂泥一样，尤其是到了下午。而铁托所看到的片段，正好是在下午拍摄的。

铁托送过很多小礼物给巴塔，不过与其说是铁托送的，还不如说是巴塔"偷"的。

"我把他放在桌子上的东西统统拿走。比如，桌子上的荷兰'亨利三世牌'雪茄。铁托拿了一支，我自己也拿了一支来抽，剩下统统装进了自己的口袋里。我把打火机都拿走了。我给他点烟，然后给自己点烟，然后放进口袋里。当然了，他全都看在眼里，但是什么都没有说。只是挥了挥手，身边的服务人员又拿来了新的雪茄和打火机。"

后来，有人对他说："那个巴塔偷了您的烟呢！"

铁托反而安慰他们似的说道："他偷得了再说吧！"

铁托还和巴塔一起喝酒，当然，喝的是威士忌。有一次，巴塔拿起铁托的杯子，尝了一口，那既是威士忌，又不是威士忌。

"那个味道有点怪……有人说，铁托往酒里滴了药，这样他就可以千杯不醉。我们都感到很吃惊。"

铁托不仅喝酒的时候"作弊"。

◇ 铁托总统

"有一次，博里斯·德沃尔尼克也来了，铁托也很喜欢他。我们在说笑话。那个地方有点像是个沙龙图书馆。忽然，铁托按了一个按钮，那个原本放满了书的柜子转了过去，而放满了漂亮的酒瓶的一面转了出来。"

铁托笑着问巴塔和博里斯说："伙计们，怎么样？"

巴塔说："总统，您真是饱读诗书啊！"

铁托要是批评巴塔起来，也是毫不留情的。

有一次，铁托看了电影《苏捷斯卡战役》的片段，其中巴塔扮演著名的牧师和游击队员弗拉达·泽切维奇。在电影里，巴塔穿得像一个西部牛仔。铁托当着所有人的面说："你这是什么玩意儿！"

巴塔马上收拾好行李，离开片场赶到贝尔格莱德。因为在那个时候，如果铁托批评你，你就完蛋了！

巴塔躲起来了，躲了三个半月，剧组里没有人知道他去哪里了。后来终于有人找到了巴塔，让他回来。巴塔却问道，谁去跟铁托说他说的不对。当然了，没有人能那样做，尽管所有人之前都认为巴塔非常出色。

"我回到《苏捷斯卡战役》的片场，但是剧组给我派了新的角色，弗拉达·德蒂耶尔。泽切维奇的角色换了新的演员，斯托勒·阿兰杰洛维奇。但是，他们粗心大意地忘记了把我之前演过的片段删减掉。在一些片段里面，观众看到抬着担架的人是我，而在后来的片段中，则是斯托勒。"

巴塔对铁托尊重有加，也对他感到畏惧。在巴塔眼里，铁托敢对斯大林说"不"，是像"狮子"一样的人。

有一次，在普拉电影节期间，韦利科·布拉伊奇希望带铁托和他的夫人约万卡去咖啡馆。铁托同意了。在电影放映时，他们站起身来，韦利科带铁托离开了电影院，坐上了奔驰汽车，扬长而去。所有的安保人员、警察、海军，倾巢而出，他们以为铁托被人绑架了。这是一件真事，不是开玩笑。

"现在的这些政治家，他们全部人加起来都没有办法与铁托相提并论！"

有一次，巴塔应邀来到铁托家里，正好看见铁托在翻报纸。巴塔对铁托说："您在这儿读报纸呢，我不知道您让我过来干什么呢？"

铁托抬起头对巴塔说："你看看这写的是什么。"

巴塔看着报纸，发现写的是英文，他看不懂。铁托又问巴塔："你会算数吧？"

"我会。"

巴塔仔细看了看，看见了几十亿美元的数字。

铁托对巴塔讲了一件轶事。他曾经去过斯梅德雷沃帕兰卡的戈沙汽车制造厂，看到一个工人在生产螺丝。他问工人，每天能做多少个螺丝。工人回答他说：15 到 20 个吧。

铁托又说："天啊，我能做 200 个。这很简单！"

工人也不甘示弱，争辩道："总统啊，对您来说当然简单了，因为您是个钳工啊，但我是个律师！"铁托无话可说。

巴塔不愿意什么都说。但是他的话里表现出了对铁托的忠诚和亲切。那些私密的事，巴塔从不对任何人说。

"他喜欢我是有理由的，我也喜欢他。我喜欢的不是他的总统身份，我喜欢的是他的为人。我也许是唯一一个对他说那些他不爱听的话的人吧。以前的人喜欢谈论他，现在也是。

一切都是一样的。只是，现在他已经不在了！"

# 博里斯·德沃尔尼克——友谊永不落幕

这就是生活！生活就像是电影中一样：朋友与敌人，爱和恨，胜利与失败，我和……

巴塔·日沃伊诺维奇和克罗地亚演员博里斯·德沃尔尼克之间有着真挚而深厚的友谊。

"我们相识的时候，博里斯才 17 岁。就像那时的我一样，他那时候在诺维萨德的表演中学上学。我们的老师，带着博里斯他们去贝尔格莱德话剧院看我的演出。我们就是这样认识的。很快，我们开始搭档演出。之后我们合作了很多年，整整有半个世纪。"

巴塔和博里斯合作的第一部电影是 1963 年的《父老乡亲》。有电影研究表明，巴塔和博里斯共合作了 19 部电影和电视剧作品，其中包括中国观众非常熟悉的《桥》。他们最后的合作，是 1990 年的电视剧《坚不可摧》。

巴塔谈和博里斯的友谊

◇ 博里斯·德沃尔尼克在电影《桥》中的表演。本图由南斯拉夫电影博物馆提供

从《父老乡亲》到《坚不可摧》，之间整整跨越了27年。这一个数字有着极大的象征意义。

在克罗地亚选举前，以及图季曼①的政党上台执政之后，巴塔在萨格勒布和博里斯·德沃尔尼克、布尔杜莎、马丁·萨格内尔一起拍摄电

---

① 图季曼出生于克罗地亚萨格勒布地区。1941年第二次世界大战期间，图季曼参加了南斯拉夫人民解放军反抗德国法西斯占领南斯拉夫的战争，1960年他晋升为南斯拉夫人民军少将。1961年，图季曼退役，成为全职军事历史学家，不久又成为政治历史学家。1967年，因为支持克罗地亚分裂运动被开除出南共。1972年，当时的南斯拉夫总统铁托打击克罗地亚分裂运动，图季曼因此被捕入狱9个月。1981年，他再次因支持克罗地亚分裂势力而被判监禁3年。1989年，随着东欧剧变，图季曼当选为"克罗地亚民主联盟"领袖。1990年春，在德国的支持下，他领导的政党在克罗地亚首次多党选举中"脱颖而出"，赢得众多选民支持和获得议会大多数席位。同年5月，新成立的克罗地亚议会选举图季曼为国家总统。在德国的鼓动下，克罗地亚于1991年6月宣布脱离南斯拉夫联盟而独立，克罗地亚及邻近地区的塞族人不满克罗地亚分裂，为维护领土完整而与克罗地亚爆发战争。1992年1月，克罗地亚独立获联合国承认。在国家新组成的大选中，图季曼再次当选克罗地亚总统。1999年12月10日，图季曼病逝，享年77岁。

视剧。与此同时，马丁·萨格内尔当选为克罗地亚议会议员。作为政党的克罗地亚民主共同体不断发展壮大，那时候的巴塔没有意识到这将带来怎样的后果。

"我认为，连克罗地亚人也意识不到，一切发展得那么迅速。我记得我和萨格内尔交谈过，他是一位很优秀的演员，还是一个很好的人。他也没有认识到克罗地亚的'民主'运动，最终会酿成一场悲剧。"

一切快速发展，大大超出了人们的预料。快速转变的形势，甚至让巴塔、博里斯·德沃尔尼克和马丁·萨格内尔的友情发生了改变。

"我不责怪他们，不责怪任何因为恐惧和无奈而去支持法比安·硕瓦戈维奇的演员艺术家。我责怪的只是政治，是政治使演员离开了心中的本质追求。艺术家之间，是不存在界线的。政客们逼迫艺术家站队，

◇ 电影《桥》剧照，巴塔和德沃尔尼克

是对艺术家的贬低,让人难堪。克罗地亚的政治家以各种方式,把他们臆想的故事强加给艺术家们,迫使他们对塞尔维亚政治进行谴责。但是,这些政治家没有意识到,我们艺术家是不会轻易接受这种摆布。我们形成了自己的战线,很多群众演员,也跟我们站在了一起,我们人多势众。克罗地亚政客引起的这一番风波,让克罗地亚的演员和艺术家深受伤害。"

当电视剧《曲棍球运动员》上映的时候,南斯拉夫危机已经爆发。整个剧组的工作人员都是克罗地亚人,只有巴塔是塞尔维亚人。很明显,这有点不对劲。有人因此而开起了玩笑,说某些人支持图季曼,某些人支持米洛舍维奇。在酒店的天台上,有人挂上了图季曼的画像。

"我自言自语地说:我在科拉契察,也挂上了米洛舍维奇的画像。"

这次拍摄,是巴塔在克罗地亚接到的最后一份工作了。后来发生的事情(指1990年至1995年的克罗地亚战争),在本书中没有必要叙述了。

在战争之前,博里斯·德沃尔尼克和巴塔是最为亲近的朋友。

"1990年的尼什电影节,是我们的最后一次见面。当时的气氛已经有点'热烈'了,紧张的情绪笼罩着我们。我们还是像以往一样,互相开玩笑,互相鼓励。我们身边的人说:'如果有人能够挽救南斯拉夫的话,那一定是你们俩了。'"

为什么不是呢!

博里斯和巴塔一样,出身于演员,后来进入政界成为了政客。巴塔加入了塞尔维亚社会党,而博里斯加入了克罗地亚民主共同体。

两人都在各自国家的共和国议会,成为了议员。

"毫无疑问，我们两人都是反法西斯电影偶像，是伟大的南斯拉夫演员，是某种象征——'切特尼克'①和'乌斯塔沙'②。往后的三十年，人们都这样叫我们，这些声音，让我们逐渐疏远开了。"

巴塔和博里斯，开始了互相发表声明攻击对方。

"某种东西控制了我们。博里斯发表声明，称我是'罪恶的党派'成员。我开玩笑说：'如果他来贝尔格莱德的话，我们就把他宰了。'于是，有人添油加醋，在报纸里反复地登我这一句不严肃的话。我们从来没有正式吵过架，但是我们总是受到外人的影响，互不理睬、互不相见、恶言相向，断绝了合作。我们曾经合作过十九部电影，是多年的好友，也是对方最好的朋友。但是，我们却被别人的利益所利用，把这一切情谊抛诸脑后。因为他是克罗地亚人而攻击他，这不是我的民族利益之所在。我后来意识到，如果我不从政的话，也许会更好。"

丑恶的年代，艰难的年代。

2004年7月中的一天，电话铃响了，博里斯给巴塔打来了电话。

"所有人都写道，我们和好了，我们都哭了，我们快要见面了，十

---

① "切特尼克"，意为"军事部队"，源自于反抗奥斯曼的塞尔维亚与马其顿部队。是第二次世界大战期间于南斯拉夫地区活动的抗德游击部队。他们另一个名字是：南斯拉夫祖国军（Jugoslovenska vojska u otadžbini，JVUO）。1941年4月轴心国军队进入南斯拉夫，佩塔尔二世流亡希腊后不久，当时仍是陆军上校的德拉戈柳博·米哈伊洛维奇，集合仍留在南斯拉夫境内各地抵抗德军的散落部队，组成切特尼克部队。这支部队主要由塞尔维亚人与黑山人组成，效忠于南斯拉夫皇室，在1943年以前受到英国的支持，被视为是同盟国的作战部队。战争初期6个月，切特尼克部队与铁托领导的南斯拉夫人民解放军协同作战，但是后来由于目标不同而分道扬镳，进而相互攻击。——译者注

② 乌斯塔沙，为克罗地亚的独立运动组织，于1929年4月20日在保加利亚的索菲亚成立，其目标是让克罗地亚从南斯拉夫独立，其领导人巴维里契与墨索里尼的意大利法西斯党有密切关系，并且领取其津贴。——译者注

几天之后,《自由达尔马提亚报》上的报道写道:博里斯喝醉酒了,不记得自己说过什么了。该报还对我说:'巴塔,博里斯跟你和好,不算什么!'我脑袋被冲昏的时候,曾经说过一些反对克罗地亚的话,对此我无法原谅自己!后来我呼吁过民族谅解,无论是克罗地亚人,还是塞尔维亚人,我希望他们能够谅解对方,希望大家都可以忘记过去,不管是哪一方,都曾经做过伤害对方的事情。"

激烈的浪潮过去以后,终于迎来平静。

2006年11月初,在巴塔遭遇了几次心肌梗塞和几次住院以后,巴塔的主治医生,德蒂纳医院心血管研究所所长博什科·朱卡诺维奇决定给巴塔做一个心脏修复手术。这一手术将给巴塔的心脏搭两个桥。

"我跟他说,我希望博里斯·德沃尔尼克在我手术期间来看我,他是我多年的挚友。"

这是一个爆炸性的新闻!当然,也是一个医学界的大新闻。

在这一刻,所有的情绪都爆发了。所有的猜疑、八卦、阴谋、厌恶之情,统统消失了。

"我请博里斯在我手术期间过来。我希望他陪在我身旁。博里斯很高兴地接受了我的请求。他说他感到非常兴奋。他对新闻记者说:'我担心等我到了贝尔格莱德,我的心也会停止。友谊,是我唯一来的理由。友谊比一切都重要。我不管克罗地亚方面会如何评价我了。'"

巴塔和博里斯的这次"重聚",引起了全社会的广泛关注。萨格勒布的电视台采用现场连线的方式,对躺在病床上的巴塔与好友博里斯的隔空重聚进行了实时报道,两个各处一地,通过电话进行了交谈。这一幕在当时,打动了整个巴尔干半岛。以下的对话内容,就是摘自两人的这次通话。

**巴塔**：(博里斯问他感觉如何)：晚上好，不能比这更糟了。

**博里斯**：我的感觉跟巴塔一样。虽然我很好，但是我也感觉不能比这更糟了。

**巴塔**：亲爱的博里斯，你听我说，我愿意把心都送给你，如果它有点价值的话。等你来到贝尔格莱德，我们就有时间好好谈谈了。我要做的手术，没有那么可怜和可怕。很多人都做过这样的手术。但是，我还是很想见你。我希望我们重拾友谊，跟 50 年前那样快乐地交往。另外，我还要问候克罗地亚电视台的观众朋友，问候全克罗地亚的朋友。我衷心地问候你们，我也只有这么一颗生病的心了。

**电视台**：经过 14 年的互相仇恨之后，你们重新交谈了……

**巴塔**：我们两人之间从来没有过仇恨。

**电视台**：那为什么你们 14 年来都没有交流呢？

**巴塔**：我们几年前和几个月前都交流过，我们只是打仗的时候没有交流而已。所发生的那些事情并不是我们的过错。我们的友谊依然存在，我希望我们的友谊长存。

**电视台**：博里斯，三年之前，您和巴塔重新建立联系，您当时的感觉是怎么样的呢？

**博里斯**：当时我在黑山拍广告。跟我在一起的一个朋友，他正好有巴塔的手机号。当天晚上，我们给巴塔打了电话，聊了差不多半个小时。什么都聊。这次谈话虽然短暂，但是至少我们重新建立了联系，以后我们不会再绝交了。等我到贝尔格莱德，我会把一切都告诉你，我们会把一切的恩怨统统忘掉。

**电视台**：那您打算什么时候出发呢？

**博里斯**：三天前，在我和巴塔联系之前，我以为他一直在科拉契察的老家里。我没有想到他在医院。我去过很多次科拉契察，但是一直没有找到他。现在我看见巴塔，感觉在过去40年里面，他一点都没有变老。

**电视台**：在你们合作过的所有电影里面，哪一部是你们最喜欢的呢？

**博里斯**：我们合作过很多电影。我们最喜欢的是《内雷特瓦战役》。这部电影拍了整整一年半。拍完这部电影，我仿佛服完了兵役。当时的剧组非常庞大，人数众多，但是旅馆却很小。我跟巴塔是室友，住在同一个房间。我们还有一位室友，柳比沙·萨马尔季奇。巴塔，现在很多人还跟我提起当时拍电影的事情，没有一个人是抱怨的，说起来的时候，都是热泪盈眶。电话里我没有办法全部对你说，等见面了我慢慢给你讲。

**巴塔**：我们的关系有着很重要的意义。某种程度上，我们的关系象征着塞尔维亚族人民和克罗地亚族人民的关系。我认为，没有人希望我们的友谊就此中断。我身边有几百位朋友希望我们重修旧好。我们所有人都希望修好关系，过去发生的事情，让我们感到厌恶极了。

**电视台**：看到博里斯，您最想对他说什么？

**巴塔**：我见到他，我会好好认认他。但是，我老了很多，他很难认出我了。我害怕情绪的侵袭。我希望能够隐藏自己的情绪，不愿意流露太多情感。因为，人到了我这个年纪就很容易流眼泪。在这一刻，紧张的感觉是最没有必要的。我知道，当我见到他的时候，我会很放松。就像男子汉那样。

**电视台**：博里斯先生，等您见到您的朋友巴塔，您第一时间想做什么呢？

**博里斯**：等我见到我的朋友巴塔，我什么都想做。但是，我首先想聆听他。因为，我们都习惯了沉默着生活，我们习惯把友情埋在心里。我想陪着巴塔，直到他手术顺利结束。过几天之后，我们俩就可以互吐衷肠了。到时候就顺其自然吧。

**电视台**：您为什么特别希望手术时博里斯陪在您身边呢？

**巴塔**：因为他是我最好的朋友。我没有比他更加亲密的朋友了。


巴塔的手术进行得十分艰难。他的康复过程更加艰难。他必须听医生的话。两位好朋友的见面不断被推迟，但是他们之间的友情只增不减。他们之间的和解，某种程度上象征了塞、克两个民族的和解。有研究者在克罗地亚进行了一次问卷调查，9000 名受访者当中的 6000 人支持博里斯前往贝尔格莱德。

"他没有来陪我一起去'三顶帽子'餐厅吃饭。他没有把《金色年华》的剧本手稿带来给我。这个剧本，是以我们之间的友谊故事改编而成的。"巴塔悲伤地说道。

这个故事的结局是悲伤的：博里斯在 2008 年去世了。

而他与巴塔的友情，并没有因此而落幕。

## "我的江东父老"

克斯玛依山下的小村庄科拉契察的江东父老们，从来不把巴塔当演员来看，也不把他当公众人物来看。除了他们有求于巴塔的时候。对于家乡的人来说，巴塔是一位好邻居。

他们来求巴塔修一条进村的路。在巴塔的帮助下，这条路很快修好了，而他们却还不满意。

他们对巴塔说："路太窄了！"

巴塔问他们："你们想要什么？高速公路吗？"

这条路长七公里。

巴塔翻新了一所已有 130 年历史的学校。现在这学期却没有人上学。

巴塔给村里拉了电线和电话线。

村民们呢？

他们什么都不喜欢，什么都埋怨！

◇ 电影《父老乡亲》剧照。巴塔和贝芭·朗查尔

他们还说：

"他肯定有油水可捞！"

生活就是这样子的。

巴塔说："我不依赖他们，他们也不依赖我。"

巴塔打心里了解村子里的人。他在村子里住了很长时间，在村子里上了小学，在村子里学会了抽烟。他生活中的诸多第一次，都是在这个质朴而宁静的村子里发生的。

"只要呼吸过那里的清新空气，'聆听'过那里的寂静，就再也无法忘却。你小时候所喜欢的东西，你会一辈子都喜欢。我总是在户外待着，我坐在院子里跟邻居一起喝咖啡，喝各种东西。对于他们来说，我的身份只是巴塔。因此我最经常待在那里。我跟周围的人们聊天讲话。所有的人我几乎都认识。"

巴塔认为,村里的人非常懂政治。

"我的村子里的人比谁都懂政治。他们很会分析。有一位政客来到村子里,跟村民们说,他妈妈叫他要听人民的话,要爱人民。"

"那你为什么不听你妈妈的话?"他的一位邻居问他。

这句简单的话,蕴含着丰富的哲理和智慧!

"我切身感受过他们的政治运算能力和'两面性'。每一次选举,任何形式的选举,他们都能给出我建议。"

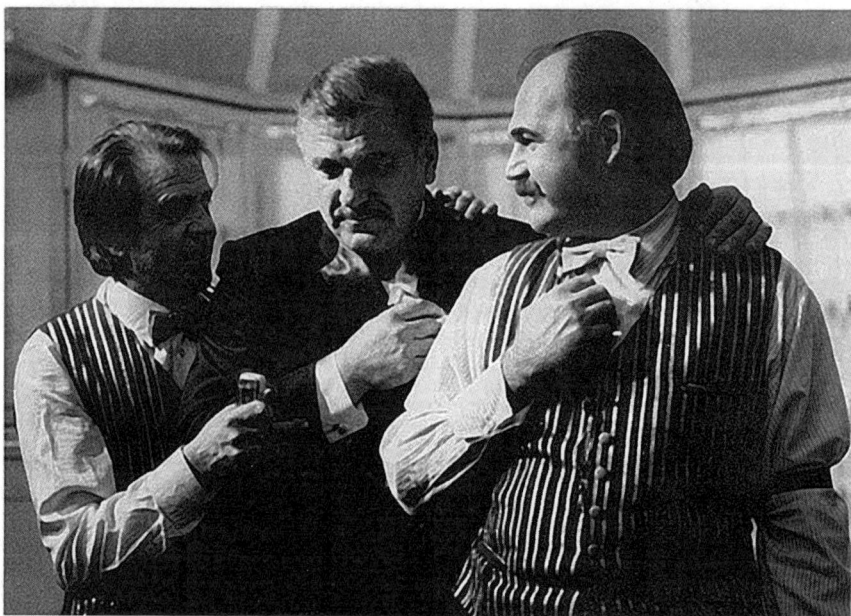

◇ 电影《巴尔干列车 2》剧照(1989 年)。巴塔(中)与博拉·托多罗维奇(左)和亚历山大·贝尔切克(右)

结果呢？

"我从来没有在科拉契察乡下的选举中赢过！有时候百分之九十的人都不把票投给我！"

他们谁都不投。

"第二天，我们又坐在我家阳台一起喝红酒，捧腹大笑。我让他们把红酒拿回家。我从来都不卖。我种了两千棵葡萄树，可以做很多葡萄酒。我的江东父老啊！我给他们倒红酒——他们就想喝烈酒。我给他倒烈酒——他们就想喝啤酒。"

巴塔就是喜欢他们这样子。

"他们是我的老乡，我的邻居，我的村民。克斯玛依人。纯正的塞尔维亚人。"

有很多人，如果你说他从乡下来，或者住在村子里，他就会非常生气。巴塔对此很不理解。

"我们所有人的祖先都是乡下来的，而不是从哪条大街上来。每个人身边多有来自乡下的人。正宗的塞尔维亚乡村，现在已经很少见了——每一座乡村都有自己的民族、习惯、道德准则。现在，既不讲究道德，也不讲究品行。"

巴塔喜欢去逛克斯玛依山的市集，市集离他家也很近。

"以前是教会组织的市集，非常有趣。后来变成了马戏团来组织。不再是那回事了！逛市集的时候，我的父亲，我，还有我的孩子，都穿传统民族服装。是我的父亲要求的。他对米利科也是那么要求的，当时米利科在球队里踢球。他对米利科说：'如果哪天你去到巴黎，你不要穿你的球服，而要穿我们塞尔维亚民族的传统服装。'"

◇ 巴塔在科拉契察老家

　　爷爷似乎很有远见：他的孙子还真是去了巴黎了。只不过，他去的不是巴黎的足球场。道路把他带到了另外的方向。

# 魔鬼从来都不是躺着的

生活中的一切，不管是祸还是福，总是不期而至。

你一定要找到平衡。无论如何都要找到。

"比如说，有的人逃避服兵役。对我来说，如果不是我服过兵役的话，我将无法享受到饰演军人角色所带来的快乐。我在军队里学会使用武器，是南斯拉夫人民军队培养了我的战斗技能。所以，我才不惧怕任何危险的拍摄，不需要使用替身。训练我的军官，严厉而端正。他们教会我们如何成为优秀的射击手，教会我们吃苦耐劳。对我们中的很多人来说，是军队的经历增强了我们继续接受教育和训练的愿望。像我这样来自克斯玛依山下科拉契察村的乡下孩子，能成为一名优秀的军人，就是莫大的荣幸，因此我不断努力，争当克斯玛依游击队的标兵。"

巴塔经常说"不要赌博"，或者"赌博是一种毒药"，或者"赌博会让你失去你所拥有的一切"……好吧，他的确说过这样的话。但是，在拍摄间隙，他和他的朋友们都在干嘛呢……拍摄的间隙，是他们社交

163

的时间，是他们玩耍的时间，是他们放松和重新"充电"的时间……

"我们坐在剧组周围，玩一个叫做'海盗旗'的游戏，谁不会玩，我们就教他，但是却不把所有的伎俩都教会他。有一次我们跟美国的百万富翁罗德·泰勒一起玩。你怎么可以不赢走他一点钱？我狠狠地敲了他一笔，他傻眼了，不相信自己能够输掉那么多的钱！一天早上，他给我送来一个装满了美金的信封。我看了看，是真的美金啊！但是我还给他了。我每天跟他一起玩，一玩就一整天，我还要那他的钱干嘛呢？如果他是坏人，像别的人那么坏，我才不要把钱还给他，恰恰相反，我还要劝他继续玩，继续赢他钱。"

巴塔承认：在赌博时，他总是使诈，从来没有输过钱。

"当你坐在那儿赌钱的时候，不要把面前的人看做是你最好的朋友。

◇ 生活中的巴塔。摄影师艾米尔 · 昌季奇

他什么都不是！你只管专心赌。但是你还得懂得使诈……就像喝酒那样。要欲拒还迎，欲迎还拒……这是我小时候在萨瓦区住时从小伙伴身上学会的。好吧，我不是什么理查德·伯顿，但是反正，就是那么回事。"

巴塔已经很久没有喝酒了。他最后一次喝酒是很多年以前了，在科拉契察家里的地下室。忽然他说："我再也不喝酒了！"说到做到。他家的地下室，到现在还存满了红酒和烈酒。

像戒酒一样，他还想戒掉打架，那项他年轻时在"红十字"混街头时学会的技能。但是，魔鬼从来都不是躺着的。

"我的星光熠熠闪烁，我的首映礼在塞尔维亚的一座大城市里举行……我站在酒店门口抽烟。有一群人看到我，认得我，走了过来说：'哈，演员！'有个人一边这么说着一边过来抓我的鼻子。我能怎么做呢？我只好打一架了。幸好，有目击者看到发生了什么。警察来了，所有人都作证说不是我先动手的，我是被人挑衅的。所以我才没被关起来。"

后来，又有一次，巴塔自愿想做一件事——他想看看监狱是什么样子的。他本来要交违章停车的罚款。他去到违章法院，对法官说他不想交罚款，而想被关一天监狱。

法官说："可以，但是你要剃光头！"

"那就是另一个问题了，我倒是不想剃光头。所以我没有去监狱，还是乖乖交了罚款。"

巴塔曾经是南斯拉夫内务部的电影审查员，但是，他的警察同事们也没有因此而对他手下留情。每个月，巴塔都要因为违章停车等行为被

◇ 电影《内雷特瓦战役》剧照，巴塔和尤尔·伯连纳

罚款，每个月约为 5 万第纳尔。

"除了交通违章以外，我没有做过其他违法的事情了。不过这一点都不好玩！"

生活不只有这些日常的不愉快，还有很多方面值得期待。巴塔喜欢面带笑容地对待生活、对待别人。笑容，笑声，信仰，希望。

"我喜欢笑。那些沮丧而绝望的人总让我发愁。为什么？既然我来到这，我就是这个社会的一部分。也许有时候，我不理性的行为、不理性的想法和欲望，也会对这个社会产生伤害……我为什么现在要跟别人说：'糟糕了，我们现在去哪里？'……去哪里？我们哪里都不去，就继续待在这里。会变好的。会有人来继续我们的事业。新来到这里的人，也会在这里好好活着。"

你一定要笑。

一定要相信。

一定要把握机遇。

"人一定要懂得把握机遇。因为，对我来说，幸运只是环境因素的巧合。不需要过多地去想。如果你想得太多，好事偏偏会跟你擦肩而过。——王牌精英从来都不会杞人忧天。"

"不过无论有多么幸运，我总是尽量避免太过飘飘然。我们从不容忍那些太过飘飘然的家伙，这是人之常情。对于那些从事公开活动的人来说，更是如此。你不能离开支持你的人，因为正是有这些人，才有今天的你。无论是谁，都不可以脱离别人。同样，一个人也不能离开那些成就了他的事业。所以，人一定要脚踏实地。虽然我是演员，他是导演，另一个人是农民，但我们都是一样的。我们都是同等重要的，每个人都在社会中各司其职。"

巴塔补充道：人在本质上不存在区别，不应该去人为地区别化彼此。

他还提醒人们注意：生活中最伟大的艺术，也许莫过于保持纯真和简单——当一个正常的人，"我不是在自夸，但是我必须说，我的工作和生活都很顺利。我总是在演一些平凡人的角色，这不是一件偶然的事。因为平凡的人，离我最近。"

当普通人见到他，走过来，跟他打招呼，与他合影，与他拥抱，请他签名……

"我还记得，我年轻时候，人们见到我，对我说：'你在这儿呢，皇帝？'过往真是美好。为什么？我演过了所有的角色，别无他求了。真的，我不要再演什么知识分子和情圣了。也许我是国家的'面子'。人民给我这样的机会。这已经远远高于我所期望的……"

# 救星、人性、仁爱：
## 巴塔的传奇形象

巴塔的性格非常冷静和安静。他不认为自己是个勇敢的人。但当遇到特殊情况时，需要做出选择时，他却毫不犹豫。有时候，这就是他的勇气。

"以前，我经常会想：我不会安详地死在床上的！因为，我的每一天都会发生危险的状况。然而，我却不会过多地考虑。如果我去想的话，我很可能会害怕。总之，所有的一切，都是出于生活的习惯吧。"巴塔这位著名的演员如此说道。

在电影《游击队员》的拍摄过程中，发生了一件事，让他想起了生活中的某些瞬间。巴塔说，他想起的不是生活的场景，只是瞬间。

"在那部电影里，坦克车追着正在撤退的游击队员，我是其中一名游击队员。我回头的时候看见，有个演员演一名德国兵，跑在坦克车前面。地上有泥，他滑倒了，枪甩掉了，他弯腰去把枪捡起来。坦克车开过去的时候，钩住了他的衣服。这个年轻的演员开始奇怪地跳着，试图

◇ 电影《游击队员》剧照

逃命。坦克的履带快要压到他的大衣了。我脑海中出现一个念头：那是一位特技演员，这一幕要拍的正是坦克从德国兵的身上碾过去。但是，为什么是从德国兵身上碾过去呢？那是一架德国坦克啊！这一切想法，在我的脑海中一闪而过。剧组人员在喊停。我很清楚地知道，那不是特技演员，他只是在单纯地想逃命，他的命被坦克车的钩子挂着呢。我，正在演撤退的游击队员，看到这一幕之后，我跑回去帮德国兵。摄影机全都拍下来了。这一幕非常感人。只是后期剪接的时候，我把德国兵拉出来的片段被剪掉了。"

巴塔想起的，都是零碎的瞬间。

在那一个瞬间里，巴塔是一位救星，是真正的救星，不是电影中演的。这样的画面还不止一个。不可以被遗忘。

"我在维索科服兵役，那是萨拉热窝附近一个漂亮的小镇。周六和周日是我值班，我负责军营里的一切事务。那时候是夏天，我们要去洗澡。我带着其他人。我们用绳子标记好了下水的地方，于是就开始下水洗澡。忽然，我听见有人在叫：'有人溺水了！'但是，水平如镜，我看不到溺水的人在哪里。刹那间，我看见水面上出现了一只手，然后又消失了。于是我跳入水中，其他的人也跟着我一起。我们尝试去拉那位溺水的士兵。他浮出了水面，但马上又沉了下去。我知道，强壮的人很不容易救，而溺水的那位偏偏是军营里最强壮的！最后，我们还是成功把他拉起来了。他没有了意识，处于半死的状态。我们把他拉往岸边。上岸了之后我们大吃一惊。在他的身体下方，还有另外一名士兵拽着他的脚！所以他不断被拉到水面下，救他非常困难。下面的那名士兵，溺水的时间更长，看起来相当吓人。一开始我们都以为他已经死了。幸好，最后两个人都被我们救活了。"

命运的游戏中，充满了奇迹。这两人都来自弗拉尼亚，准备第二天就要回家了。那是他们在军队里的最后一天！那一天差点就成为他们生命的最后一天！

"我听到有人溺水的那一瞬间，我什么都没有想。我冲进水中。我没有时间考虑自己，也没有想到自己肩上的责任。我要做的首先是跳进水中，然后做我力所能及的。"巴塔坚定地说道。

那两名得救的弗拉尼亚战士在回家之前，承诺巴塔要给他烤一只猪送来！但是，那只烤猪一直也没有送来。不过，因为这件事，巴塔得到了十五天的休假作为奖励。

◇ 柳比沙·萨马尔季奇和巴塔

另外一个故事，巴塔在沙尔甘山上救了柳比沙·萨马尔季奇。

普利沙·乔尔杰维奇为电影《梦》挑选了沙尔甘山作为取景地。那座山因毒蛇遍布而出名。

"我们坐在草地上休息。柳比沙把皮草大衣垫在草地上坐着。休息结束之后，他起身穿上大衣，一条蛇就从衣袖里蹿了出来！"

我大喊："脱掉衣服！"

"我不知道他有没有听见我喊什么，只能飞快地跳起身来，扑向他，把他的衣服扯了下来。他吃惊地看着我，他的身体倒在一边，衣服落在另一边。他还不知道发生了什么。他以为我发神经呢。"

回过神来以后，他们才意识到，那一幕有多么危险。如果那条蛇真地咬到了柳比沙，后果将不堪设想。

救星？

优美的词。

人性？

温暖的词。

仁爱？

有治愈力的词。

这三个词，构成了巴塔的传奇形象。

第四章

# 步入政坛

# 投身政治的漩涡

我们都知道政治是危险的事情。你可以搞政治，但是不可掉以轻心。

巴塔曾经从政十五年，这是他机智而准确的领悟。

如果从巴塔加入政党的时候开始算起的话，他接触政治已经很多年了。1957 年 3 月 8 日，在妇女节这天，组织正式接受 24 岁的巴塔加入，从此他成为了南斯拉夫共产党员。不过，他的党员身份仅仅维持了一年时间。他曾经三次因故没有参加会议，就被组织开除了。因此，他一直没有机会参加共产党建设社会主义国家的工作。

到了 1990 年，这样的机会才最终来临。

巴塔在乡下科拉契察加入了塞尔维亚社会党①。

---

① 塞尔维亚社会党，于 1990 年 7 月组建。前身为"塞尔维亚共产主义联盟"和"塞尔维亚劳动人民社会主义联盟"。建党之初就宣布将民主社会主义作为自己的奋斗目标，在政治上实行多党制、经济上实行自由竞争和市场经济。

"有一阵子，来了几个年轻人，问我们愿不愿意加入塞尔维亚社会党。我们十几个人加入了这个政党。我不认为我当时的做法是为了攻击自己的国家而加入反对派，实际上当时的塞尔维亚是不堪一击的。社会出现动乱。环境很复杂，我不想反对任何事物，我想看到希望。"

巴塔成为了塞尔维亚社会党的党员，他接受了党章，并且以党的纪律来规范自己的行为。巴塔是塞尔维亚社会党最早的成员之一，他的党员编号是 15 号。从那时开始，巴塔相信政党会长久存在，而且会比他长寿。

"我那时候计划要活 106 岁！"

在政党的圈子里，巴塔就像在电影圈子里一样抢手。在他宣誓加入塞尔维亚社会党半个小时之后，他又收到了武克·德拉什科维奇[①] 的邀请，邀请他加入塞尔维亚复兴运动[②]。

"他太晚了！我跟他不太熟悉。我只读过他的书，觉得他是一位很棒的作家。"

巴塔加入了塞尔维亚社会党的时候，正值事业如日中天之时，他对物质生活没有任何欲求。他的日子过得很好。

"我当时还算比较富有的，不需要去为了赚'美金'而出卖自己的信仰和尊严。我希望自己的参与能给别人带来一些好处。"

---

① 武克·德拉什科维奇（1946 年 11 月 29 日生于塞尔维亚日蒂什泰梅贾）是塞尔维亚复兴运动主席，曾任南斯拉夫副总理、塞尔维亚外交部长。德拉什科维奇 1968 年毕业于贝尔格莱德大学法学院。1969 年至 1980 年他是南斯拉夫国家通讯社的记者。他还是南斯拉夫共产党的成员、前南斯拉夫主席米卡·什皮利亚克的参谋长。德拉什科维奇还写了几部长篇小说。

② 塞尔维亚复兴运动成立于 1990 年 3 月。主张恢复君主政体，崇尚西方式的民主社会价值观念。

当塞尔维亚社会党执政的时候，电影人的心中非常清楚，巴塔付出了巨大的努力来从国家文化部为电影从业者争取到大量的经费，让他们可以实现自己的电影梦。就算加入了反对派的电影人，也同样从中受益。那段时间电影业发展迅速，新电影层出不穷，在一些电影中，巴塔还亲自出演。在巴塔心中，这是合情合理的事。

"我从不后悔在自己职业生涯巅峰的时候投入政治工作。我经历了一个繁荣的时代，每一个塞尔维亚人都能亲身体验到那种繁荣。我也不例外。对我来说，社会党执政时期，一切都是最好的，后来的时代难以望其项背。"

巴塔公开说，给予他机会以表演角色和发挥作用的，并不是铁托抑或米洛舍维奇，而是勤恳地工作和生活的普通老百姓。

在其一生中，巴塔紧密地和身边的人们在一起，共同努力奋斗。

"我不是一开始就选择政治道路的。我自始至终都是一名演员。"

但是，这不是一件轻松的事。当巴塔和他的政党还是反对派的时候，有三年时间他没有电影可演。他没有为此而感到后悔。他知道有的导演想来找他拍戏，但是后来又没有了消息。他甚至还建议一些人躲开他，以免给他们带来不便。

有人问他："巴塔，你拍戏吗？"

巴塔回答："自从你们上台执政，我就再没有见过摄影机了！"

人们感到惊讶地说："那是可能的吗？怎么可能？"

再次陷入了沉默。

可能啊！那自然是可能的。

"从事政治，不代表作奸犯科。作为某个党派的党员，不代表你要去杀人放火。尤其是我。因为在电影中我经常演战士，于是很多人就以为我是某种战士，却忘记了我在现实生活中也是一个正常人。准确地说，我一共演过350部电影，其中只有35部是战争题材的，而我并没有因演战争电影而得过奖。所有的人都把我和手中拿着枪的战士形象捆绑在一起，没有人客观地看待我大部分其他电影的艺术价值。所有人都认为巴塔就是游击队战士。是的，我的确是游击队演员。我戴着红星的时间比谁都要长。服役的军人只要佩戴一年红星，参加'二战'的战士戴了四年，而我，戴了整整四十年！"

巴塔不愿意让政治干涉到文化和艺术，但是不少政客就是要干预，事事插足。

"我的事业生涯中，遇到过很多这样那样的干涉。到1990年，我一直都积极参加普拉电影节，但在第五十届普拉电影节期间，发生了这样一件事。某位女领导说，由于我的'政见和她不一致'，她决定不邀请我参加那一届电影节。我搞不懂，什么叫'政见不一致'？是谁来决定哪种政见是正确的，哪种是不正确的？是谁来把一个人的过往行为定性为政治活动的呢？谁有资格这样做？他们把我从电影节清洗掉，就意味着'砍我的头'！在老片巡展中，有很多我的作品。他们怎么向观众解释？让观众也把头砍掉？让他们别看电影？那些是克罗地亚电影、斯洛文尼亚电影、塞尔维亚电影、马其顿电影、黑山电影、波黑电影、前南斯拉夫电影。而不是塞尔维亚社会党的电影。他们义正言辞地说，日沃伊诺维奇是塞尔维亚社会党党员，不能参加电影节！我从来没有打过仗，他们也许是因为我拍过战争电影而对我有所不满。不过也有人臆想和捏造新的历史。每一个国家和地区，都有过自己的革命，而我只是在革命电影里演出过。"

巴塔是一位有南斯拉夫怀旧情结的人。不过，他不是那种病态的怀旧者。他在那个国家生活过，他爱那个曾经的国家，而那个国家人人喜欢他。

"搞政治的人是不受欢迎的。如果你诚实而谨慎地从事政治活动，为帮助别人而做点有关政治的事，那对我们来说是最纯洁的。但是，你把政治作为职业，你要统治人民大众，在政治中，显然是需要拉拢别人的，那样你就失去自己了。对我来说，从事政治活动是一种乐趣！"

指挥官、炸弹手、冲锋兵，一位战胜了"第三帝国"的人，让人闻风丧胆的战士，他实现了自己的表演梦，他从不后悔。有别于大多数的演员和知识界精英，他投身于政治的漩涡。以下的三个章节，将对巴塔的这段经历详细叙述。

无路可退！

# 声嘶力竭

1990 年，巴塔成为了一名国会议员，在解释自己的工作时，他们如此说道："已故的杰出演出艺术家佐兰·拉德米洛为奇说，我可以说我是和人民站在一边的。三十年以来，人民和我之间有了深入的相互了解。三十年以来，是人民不断地对我投入。他们喜爱我，对我信任，对我依赖。人们以为我能给予他们相同的回报，我也竭尽全力去回报人民。每一天，我都活在人们的眼前，人们把我当做是国民议会的投诉委员会的主席委员。"

巴塔相信自己能够帮助每一个人。成千上万的人来到他的门前抱怨生活。其中有的人是从共产党退出来的，加入了反对派。有的人因为婚姻失败，有的人是因为土地被没收，有的人是因为对执政者感到恐惧。

"没有人是带着不满离开的，除非他实在太过沮丧。我唯一不能治愈的，就是沮丧。"

对于人们来说，遇到的最大问题是住宅和工作。不仅是塞尔维亚人会来找巴塔求助，连匈牙利人和阿尔巴尼亚人也来。只要是承认塞尔维亚这个国家的人，都会找上门来。

"但是，还有人为了宰邻居的奶牛来找我的。有的人身居高位，谋取别人的财产。他们必须付出代价。我记得曾经有人来抱怨，说他活了六十年，却没有当过国家领导人。"

这样一个新的角色，巴塔没有演到最后。

"我从不认为当权是什么有趣的事情。权力既不会带来金钱，也不会带来特殊待遇。权力什么用处都没有，想利用权力去偷点什么都做不到，因为前人已经把所有能偷的都偷光了。所以，当我看见人们去争权夺利的时候，会感到很惊奇。我理解政治利益之间的斗争，但是却理解不了斗争之中的暴力与肮脏。对于很多事情，我都不理解，也不知道。在那个圈子里面，我不知道该如何表现，我从来都搞不明白。我只是努力去做那些力所能及的事，那些与我靠近的事，那就是——当好一个人。"

担任国民议员？这只是一件满足虚荣心的事。要把塞尔维亚这个国家从贫困的地狱里带出来，是一件非常艰苦的工作。

巴塔警告人民："我们不要欺骗自己！没有人会给我们钱的。实际上，就算有人愿意，但是他能怎么给？让我们的国家成为屈辱的殖民地？命中注定的殖民地。如果塞尔维亚成为了他国的殖民地，那它就再也不是塞尔维亚了。我们的国家就会成为外国厨子手中的锅。塞尔维亚要成为那个样子吗？这就是塞尔维亚所应得到的命运吗？"

作为投诉委员会主席委员期间，巴塔接见了十万人。他还接见过反对他的人，反对派的人以及诬蔑他的人。

"有一位优秀的塞尔维亚演员想分到房子，来向我求助。他完全可

◇ 担任国民议员时期的巴塔

以找其他的当权的人。对我来说，他不是政治反对者，而是一位重要的塞尔维亚演员。"

甚至还有电影剧组来找巴塔，要经费资助，来拍摄一部反对巴塔所在的政党的电影。

"我劝当时的总理米尔科·马利扬诺维奇说，那笔经费一定要拨。后来的事情大家都知道了，德拉甘·布耶罗格尔里奇因为从我们这里拿到经费来拍电影反对我们，反对政府，到处吹嘘自己。我不能理解的是，是我不懈努力为他们争取到经费的，这反而成为了他们的胜利了。"

有的人还到处向记者爆料，说巴塔是个狂妄无情的人。

"我从来没有把人赶走或者骂走过。经常有挑衅者来到委员会。有人站在议会门口，大喊大叫，说我打人了。凡是有人那么冤枉我，我都必须反抗。对我来说最难处理的是那些流言蜚语。有一次，有挑衅者在议会门前等着我，叫我：'同性恋！'我一直追着他跑到大街的尽头，不过他最后还是消失在了人群中。如果我追上他，我得拿'拳头'来跟他讲民主。你一句我一句地争辩，这才是'同性恋'的所为。"

巴塔友好地对待每一个来到他办公室的人。他亲自给每一个来到的人脱下大衣，拿果汁和咖啡招待他们，敞开心扉地与他们谈话。

"我们是以一种方式当选为议员，而在地方工作的人，是以另外的方式走上岗位。我们发现地区的领导犯了错，那么该由谁来组织调查和审讯呢!？"

巴塔认为，有很多人参加政治活动和政党工作，其中一个主要目的是搞背叛。

"叛徒！各种各样的叛徒。他们就是来搞破坏的。那些所谓的自治主义者和分离主义者，他们在塞尔维亚到处搞破坏，损害国家的利益。鼓励我走上政治道路的，是铁托主义者、宗教信徒、知识分子、爱国分子，他们给予我勇气，与叛徒作斗争。那些叛徒让我非常气愤。他们以为我们不知道他们是谁。以为国家和人民不知道他们是谁。以为他们可以让我们一直蒙在鼓里。我说过，我们一定要认清他们的面目，看清他们的所作所为，不能让他们继续欺骗人民了。那些教条主义者、刽子手、贪得无厌的人、不择手段的人，统统成为了反对派。这些反对派得到了西方的认可，西方给他们钱，让他们来削弱塞尔维亚。什么钱？利益，他们的利益，金钱是骗局。正是这些人，让我不得不进入政治圈,来跟他们搏斗。这就是故事的全部!"

　　这是一个真诚的故事。听起来有点苦涩。巴塔这样一位伟大的演员,从那个时候开始,选择了不一样的道路。

# 塞尔维亚的里根

2002 年 8 月，巴塔被社会党推举参加塞尔维亚总统的选举，有很多人质疑他、取笑他、责备他。

巴塔背叛自己了吗？背叛了自己的事业？背叛了表演？他要政治干嘛？他的野心是什么？

"在政治方面，我从来没有什么大的野心，只是时势所趋。我相信自己能够取胜——起码在当时的某一刻，我有那样的信念。所有的塞尔维亚人都认识我，我就那么开了个玩笑。三百万女性……关键问题是，究竟要怎么做，才能够收拾塞尔维亚民主反对派执政两年以来所造成的残局。"

2001 年 6 月，米洛舍维奇被送往了海牙法庭。

巴塔作为塞尔维亚社会党的副主席，成为总统候选人。

巴塔宣布竞选总统

187

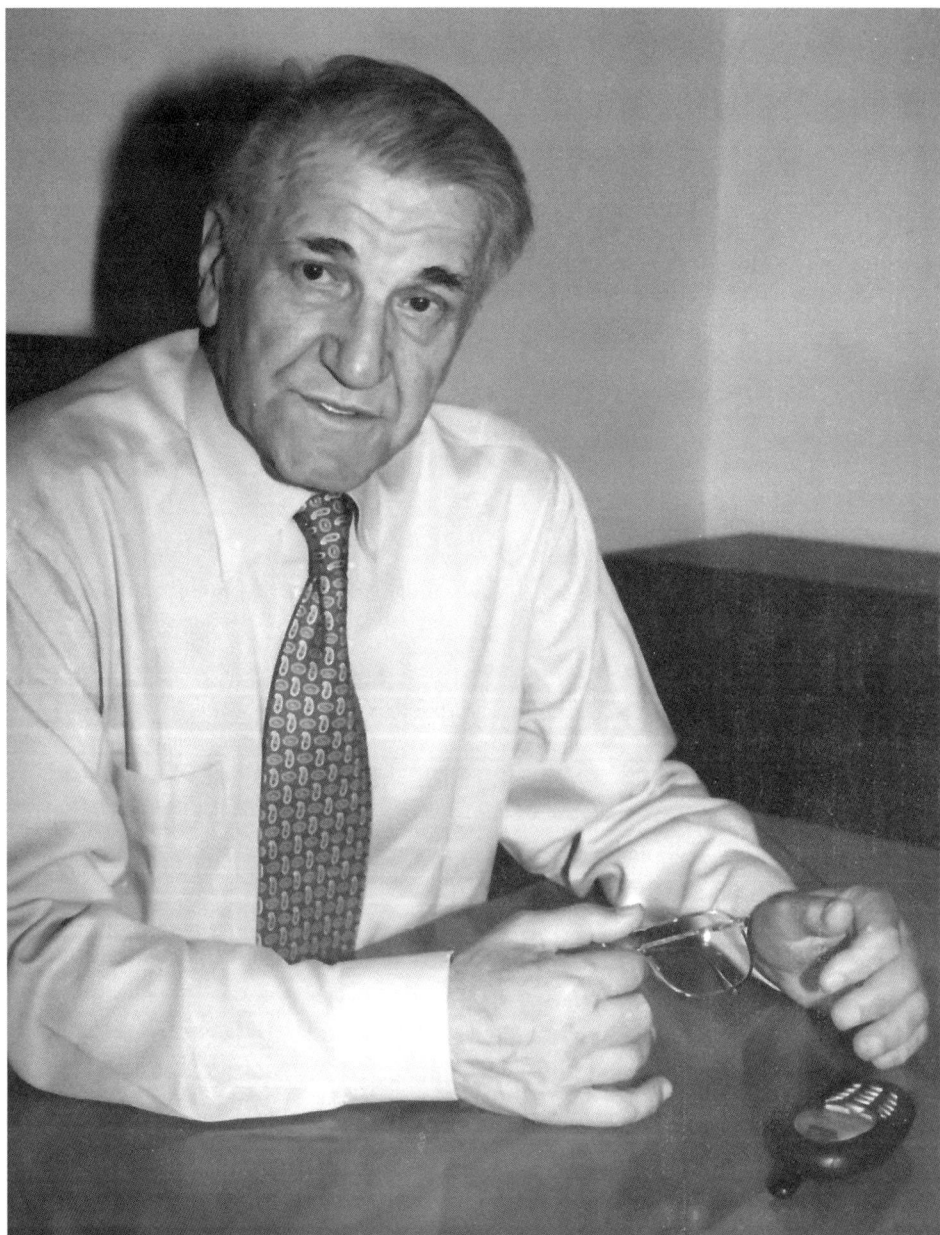

◇ 总统候选人巴塔

"我成为了左翼阵型的唯一候选人，我们国家的选民一向倾向于支持左翼政党。因为政党的安排，我就去参选了，然而我早就知道我将会落败。最糟糕的是，除了我以外，我的政党没有别人去参选了。那意味着什么？意味着我一定要拼尽全力去赢得胜利。"巴塔就是这样，进入了一场充满不确定性的选举。

现实地说，塞尔维亚社会党的形势非常恶劣，就算巴塔魅力无穷，而他的政党连给车加油的钱都没有。没有人来帮助巴塔，他只能靠一己之力支撑着。

"这就是我'壮观'的选举造势活动的真实情况。竞争对手米罗柳波·拉布斯和沃伊斯拉夫·科什图尼察到处竖广告，而我的情况恰恰相反，什么都没有。究竟是谁给钱让那些人到处做宣传的呢？"

有人告诉巴塔，米洛舍维奇在海牙的监狱里建议他支持沃伊斯拉夫·舍舍利，他的政党也需要这样做。

"我没有对和米洛舍维奇说过任何话。我甚至没有和他联系过。当然了，我愿意和他商量。但是，在政治上，我不够强大，连普通的官员都比不上，所以我没有资格跟他交谈，也没有机会跟他争辩。米洛舍维奇被关在监狱里，不然的话他肯定在我的位置上了。"

斯洛博丹·米洛舍维奇没有反对巴塔，只是向社会党的党员们建议，要"支持爱国力量"。

"在我的眼中，激进的爱国力量就是塞尔维亚激进党和南斯拉夫左翼党，我选择跟南斯拉夫左翼党站在一起！但是在代表大会上，我的政党决定，将来不再和左翼党有任何的合作关系。这一决定使得我们撤除了对左翼党的支持。其中的原因，可能是左翼党企图吞并社会党。我认为这就是问题的本质。"

这是谁所施加的压力呢？

"米洛舍维奇的家庭里，他本人是社会党的主席，他的夫人是左翼党的主席，他的女儿是激进党的主席——我不知道我该怎么想！对于眼前所发生的一切，我毫无头绪。为什么他们一家三口不在同一个政党里呢！？为什么他不以家庭的团结为例子，来向人民展示国家的统一理念呢，并且让我们去追随他们？就连社会党里面也没有人愿意追随米洛舍维奇。"

巴塔始终想不明白，自己明明是米洛舍维奇所在的社会党的总统候选人，而米洛舍维奇偏偏要把票投给爱国力量的舍舍利。

"我想，如果我们所有人都去追随舍舍利，那么米洛舍维奇和他的社会党怎么办？他本人还继续担任社会党的主席吗？社会党还会继续存在吗？我的愿望是把所有为塞尔维亚的福祉着想的人们都聚集起来。全国有超过300个政党，为什么不把它们联合起来呢？不管他们是红色的、黄色的、黑色的、彩色的还是格子的——他们各搞各的花样。"

但是，让谁来带领这些人呢？

"我是谁？我只是一名演员，曾经是，将来也是。"

众所周知的是：表演也是为政治服务。

"我认为，所有的艺术当中，只有芭蕾舞是不需要为政治服务的：因为很难用脚来表达政治主张！从来没有人来找我判断。"

曾经有过好几次，巴塔有机会成为"政治因素"。

"我曾有机会去当文化部长，但是我立刻想到，文化部长一定是最有文化的人才能当。我拒绝了出任驻中国大使的职务，也拒绝了当驻马其顿大使，尽管我懂那里的语言。我当上了又能怎么样呢？"

那么要是当上了总统，巴塔又会怎么样呢？

"在我的生命中，我演过很多角色。我从来都无法改变它们。像总统这样的角色，最终一定会让我厌倦。我没有见过任何艺术家可以成为成功的政治家的。你可以热爱自己的政党，但是随着时间，你对政党来说，只会变得越来越没有利用价值。你的政党会把你透支。"

从政，也是一种形式的表演。

人们把巴塔称作是"塞尔维亚的里根"。特别是媒体，总喜欢把美国的罗纳德·里根与巴塔相提并论，互相比较。

"事情很简单。我曾经是演员出身的总统候选人，跟里根一样。但是，区别之处在于，在美国大选中，平庸的演员也能够赢得选举！"

无论在电影还是在舞台剧中，巴塔从未演过总统的角色。

"我也不敢演总统。让我像现在的这些政客那样夸海口，向人民承诺江山？然而却碌碌无为？我才不愿意！我还要脸去见人的。"

"总统"的故事终于结束了。

但是，巴塔这一次的表演并没有获得成功。用他的话说，人们喜欢演员巴塔，而不是总统巴塔。他还曾开玩笑地说，由中国观众投票，他才有机会当选。

2003 年，巴塔宣布退出政坛，他的政治生涯结束了。

## 米洛舍维奇不是我的偶像

有传闻说，巴塔和斯洛博丹·米洛舍维奇的交情很深，两人形影不离。

巴塔解释道，这是误会："我和米洛舍维奇没有来往。在总统选举之前，我们俩甚至都还不认识，而我们只是在海报上看起来互相认识。我们的照片被人并排放着。"

巴塔和米洛舍维奇正式认识，是在塞尔维亚社会党的议员招待会上。后来，巴塔与米洛舍维奇联系，也是因为投诉委员会的某些工作问题。

"有人吵着要投诉领导。我知道这些人是盗窃犯，但是你拿他们没有办法。我让他们来找我谈，他们却对我说：'我们要跟米洛舍维奇谈。'于是我给米洛舍维奇打电话，问他怎么办，是不是要包庇这些犯人。米洛舍维奇和他的同事表示不认识这些人。事情变得简单了。我对那位领导说，米洛舍维奇不认识这些人。'你们什么时候想去找总统就什么时候去找，但你们现在要把问题交代清楚。'"

巴塔说，米洛舍维奇是一个重视家庭的人。

"但是，他这个人有一种性格特点，他喜欢反对一切不能反对的东西。他没有把自己真正的人格呈现给公众。"

有时候，巴塔和米洛舍维奇会聊电影。有一次，巴塔对米洛舍维奇说，人们喜欢幽默的电影。因为人们对战争感到厌烦了。巴塔还告诉米洛舍维奇，自己演过各国的军人，在韦利科·布拉伊奇的电影《战争》中，他甚至还演过来自火星的士兵。

巴塔有一次对米洛舍维奇说："在电影中，我死过五十次！"

米洛舍维奇像开炮一样回答道："那么这第五十一条命，你好好保重。"

巴塔说："他从来不是我的偶像。对我来说，铁托也不是偶像。"

"斯洛博丹·米洛舍维奇不可能成为我的偶像。我不是因为自己一无所有而加入社会党的。我加入是因为我认可社会党的理念和政纲。相比于科什图尼察、舍舍利、德拉什科维奇等人，我相信跟米洛舍维奇一起，我能做更大的贡献。"

在选举活动中，巴塔不愿意与米洛舍维奇正面交锋。

"米洛舍维奇显然不知道，如果赢得选举，重新执政，塞尔维亚社会党就能够把他从海牙救出来。我想在第六次代表大会上重新推选他当总统。"

巴塔解释说，一个奇怪的团伙操纵了局势。他们要的不是舍舍利胜利，而想剥夺巴塔胜算。他们走遍了塞尔维亚，劝社会党的党员不要给巴塔投票。真是太可怕了！

"没有人知道米洛舍维奇究竟在想什么，因为所有的一切，都是通

◇ 巴塔拿着斯洛博丹·米洛舍维奇的照片

过别人的手，用'秘密电话'来进行的。他究竟相不相信我们，我不敢说。但是从他支持别的党派候选人开始，我一切都明白了。他就是单纯地忽视我！"

巴塔和米拉·马尔科维奇（米洛舍维奇的妻子）也没有来往。他并不知道，她竟有权决定所有的事。

"我这么说吧，米拉是一个能把童话故事反过来讲的人物。她是把'狼'吃掉的'小红帽'。这是有目共睹的。在我的竞选活动中，有一次我引用了对手舍舍利早前声明中的一句话：米洛舍维奇和米拉的下场会像齐奥塞斯库① 和爱莲娜一样。"

巴塔的这一举动，惹怒了米拉。

巴塔尊重米洛舍维奇的总体政治主张。巴塔承认，他是因为米洛舍维奇而加入塞尔维亚社会党的。

"我不满的是，米拉某种程度上干涉了我的生活。她把自己领导的左翼党毁掉之后，就想来领导我们的社会党。她的家庭破裂之后，就想演一个家庭守护者的角色。我们的选举，正是因为她而失败的，而米洛舍维奇也是因为她而被关进了海牙。她给米洛舍维奇出主意，让米洛舍维奇修改宪法来从中获益，所有人都知道这样做是不对的。米洛舍维奇

---

① 尼古拉·齐奥塞斯库（1918 年 1 月 26 日—1989 年 12 月 25 日）罗马尼亚共产党和罗马尼亚社会主义共和国最高领导人。罗马尼亚共产党中央委员会第 10 任总书记，罗马尼亚社会主义共和国第 7 任国务委员会主席，罗马尼亚社会主义共和国第 1 任总统。上台初期，大力发展国民经济，增强综合国力，创造了罗马尼亚经济上的"黄金时代"。对外高举独立自主和民族自尊的旗帜。执政后期大搞个人崇拜和家族统治。西方称他是"共产主义皇帝"，反对派则称他是"喀尔巴阡的斯大林"。决策失误和拒绝改革，造成经济崩溃，人民怨声载道，社会动荡加剧。1989 年 12 月罗马尼亚国内爆发革命，推翻了齐奥塞斯库政权 25 年的统治，其本人及其妻子则被枪决。罗马尼亚政府在处决了齐奥塞斯库夫妇后立即宣布废除死刑。

之所以失败，原因是米拉的糟糕判断和建议。"伟大的演员巴塔毫不犹豫，斩钉截铁地说。

由于党员的叛离，塞尔维亚社会党开始没落了。

"当时，我衷心希望米洛舍维奇能从海牙获释，出来之后我希望他再也不要碰政治了。"

◇ 巴塔和米洛舍维奇（右）

海牙，对于巴塔来说，不是一个正式的法庭。

"如果有反对我的人提交诉讼，海牙的人一定会把我召唤过去开听证会的，那个时候，我演过所有战争电影，都会成为呈堂证供。"

巴塔曾经希望米洛舍维奇可以跟自己的家人安享晚年。

但是事与愿违，2006 年，米洛舍维奇在海牙的监狱里去世。

巴塔肯定地说：人们对他的家庭所做的事，也是违背天地良心的！

"在死后，在坟墓里，米洛舍维奇还依然是一个话题。人们的论调没有改变，只说他如何坏，如何把国家的政治带向深渊。人们啊，那都已经过去很久了！人们评价历史，评价卡拉乔尔杰①，评价铁托，又能怎么样呢。我们的将来怎么样，我们的孩子怎么样，却没有人在乎，没有人说。人们就只爱绕回到过去。"

有时候，记者会让巴塔去比较铁托和米洛舍维奇两个人。

"我总是感到很奇怪。一个比我年长，一个比我年轻。我没有跟他们中任何一人有共同的成长经历。因此我想，这样的比较是没有意义的。"

---

①　卡拉乔尔杰·彼得罗维奇（1768 年 11 月 3 日—1817 年 7 月 24 日），通称"卡拉乔尔杰"，或者按英语翻译为卡拉乔治·彼得罗维奇。昵称"黑乔治"。塞尔维亚争取民族独立领袖。

## 塞尔维亚人——沉静的鲨鱼

　　在世界历史上，塞尔维亚人、犹太人和亚美尼亚人这三个民族备受摧残。他们总是受到无端的仇恨和毁灭，但是，他们坚韧顽强，不屈不挠，继续屹立在世界民族之林。并且将继续屹立下去。

　　巴塔·日沃伊诺维奇也是这么想的，他对自己的民族是这么看的：

　　"在历史的长河里，塞尔维亚民族度过了种种艰难的考验。其他的民族，曾经试图摧毁塞尔维亚民族，把塞尔维亚人埋进万人坑，关进集中营；试图把塞尔维亚关进教堂里活活烧死。尽管如此，塞尔维亚仍然与其他民族和睦共处。其他民族需要塞尔维亚民族。如果不是塞尔维亚人的话，很多民族早已消失了。他们连仇恨的机会都没有。"

　　在一场"南斯拉夫"的民族大联姻中，每一个民族都有所投入。

　　"塞尔维亚人投入了一切，包括自己的祖国、自己的心、自己的灵魂。"

　　每一场婚姻，破裂的时候都会带来不好的后果，我们这场"南斯拉夫民族联姻"，也不例外。

"除了塞尔维亚人以外，其他所有的民族，都把南斯拉夫看做是一个在外偷情、打算要不顾后果不惜代价地抛妻弃子的丈夫。甚至不惜牺牲自己。因为，如果情妇抛弃他的话，那该怎么办呢？这一切的痛苦和艰难，正好造就了民族的奇迹。这场乱局的始作俑者，不仅把波黑搞得一团糟，还把巴尔干搞得鸡飞狗跳。这一切苦难，最后都落到了塞尔维亚民族头上。"

巴塔的表述不同寻常：

"我们沉得住气，就像鲨鱼一样沉静。我们是平和而安静的民族，

◇ 电影《科索沃战役》剧照

尤其是当我们受到伤害的时候。外人开始伤害我们的家庭，伤害到我们的核心，我不能……"

1990年，内战和民族冲突不断爆发，我们忍辱负重地熬过来了。这一段时期，不仅艺术受到了伤害，人的心灵同样受损。

"我们对非凡的成就没有指望了，比如，经历了这一切之后，塞尔维亚民族的电影事业一蹶不振了。没有一件事，我们能指望成为世界第一的。不过，也未必如此。在体育方面，我们多次成为世界冠军。这就是我们的民族。当其他民族还不知道什么是欧洲的时候，我们的民族就已经在欧洲繁衍生息了。"

现在，别人又想我们怎样呢？谁又会对我们在欧洲的存在感兴趣呢？

"我不能说我们的国家是落后的。如果有机会可以跟其他的欧洲国家一起合作，一起为欧洲人民和我们自己的福祉做点什么，那最好不过。不过，那些曾经用炮弹轰炸过我们的人，我们今天不能去求他们接纳我们。"

有人说：我们了解塞尔维亚人是怎样的民族，因此我们就要这样对待他们。

"我们是怎样的人，怎样的民族？这是整个欧洲都看得见的。但是他们却沉默不语。在过去的50年里面，从没有人站在塞尔维亚这一边。不久之前，俄罗斯才开始站在我们这边。他们大可以早一点。"

这一位来自舒马迪亚的伟大艺术家，身体的深处蕴藏着滚滚不息的能量。对于自己祖国的未来，巴塔有如下几点看法：

·不管我们站在哪一级台阶，我们总想更上一层。

·塞尔维亚民族不可以继续生活在坟墓里。不可以永远崇拜死去的人。

·我们必须走出过去，必须拥抱未来。我们必须加快步伐。

·塞尔维亚人不是天马行空的民族，而是脚踏实地的民族！

贝尔格莱德市民反对北约轰炸，保卫布兰科大桥

201

第五章

# 最后的"战斗"

# 古巴，有包治一切的药

2004年，巴塔·日沃伊诺维奇第一次去到古巴，可惜的是，此行的目的是为了治病。当时，古巴正举行"塞尔维亚文化日"的活动，巴塔被推选为塞尔维亚代表团的团长。在那个时候，巴塔的身体已经抱恙，他有糖尿病，而脚趾头上长了坏疽。他认为，古巴有治疗这两种病的药。确实，经过古巴医生的治疗，他的病情很快得到了好转。

在第二次中风之后，巴塔再次前往古巴。他脚上的坏疽复发，塞尔维亚的医生建议他截肢，以阻止病情扩散。他的家人推着轮椅把重病的巴塔送到了古巴。他的医生，彼得·蒙特科尼，成功地挽救了巴塔，保住了他的腿。

等巴塔回到塞尔维亚，他对整个塞尔维亚的人民说：

"在古巴有包治一切的药！"

他还补充道，如果有需求的话，可以找在使馆工作的女儿协助。

"后来发生的情况，叶莲娜最清楚不过了。整个塞尔维亚、波黑、克罗地亚的病人都找到了叶莲娜求助。其中有100多号人，病情已经非常严重。她本来在使馆的工作已经十分繁忙，在业余时间她努力地帮助这些人。"

巴塔强调说，古巴的药的确有着神奇的功效。而且，古巴的医生对病人总是很热心，有很多医生同时在几家医院上班。古巴一共有7万5千位医生，而每位医生要应付170名病人。

"尽管古巴多年以来出于制裁和贫穷之下，但是医生们成功地研发了一种让世界医学都震惊的特效药——赫贝尔普洛特·P。美国人现在才注册这种药物。这种药有一种生长因子，古巴医生成功把这种因子应用于治疗坏疽。它的病理机制是首先清理伤口，然后从活肉的周围开始刺激细胞生长，直到伤口愈合。它能够治疗深达2—3厘米的伤口，最终使其痊愈。这种因子的特性其实已经广为人知，并不是什么新鲜事，但是古巴的医生能够控制它，把它做成一种药，这才是新鲜事。坐落在哈瓦那的生化工程研究中心，是一个高度发达的医学机构。他们还从事克隆技术的研究。美国人现在很担心他们克隆一个卡斯特罗出来。"巴塔在讲述这一件事的时候，还不忘开个玩笑。

可惜的是，这两次在古巴逗留的时间，尽管每次都有一个月时间，但是备受伤病困扰的巴塔都没有机会到处游览。那一个"红色的古巴"、"社会主义的古巴"，让他异常神往。

"古巴这个国家，就像是拔地而起一样，冲上云霄！"

巴塔对古巴的革命领袖埃内斯托·切·格瓦拉非常了解：

"切·格瓦拉的职业是一名医生。据人们所说，他给自己布置了两个任务：一是让全国的人接受教育；二是让全国人民改善生活条件。全

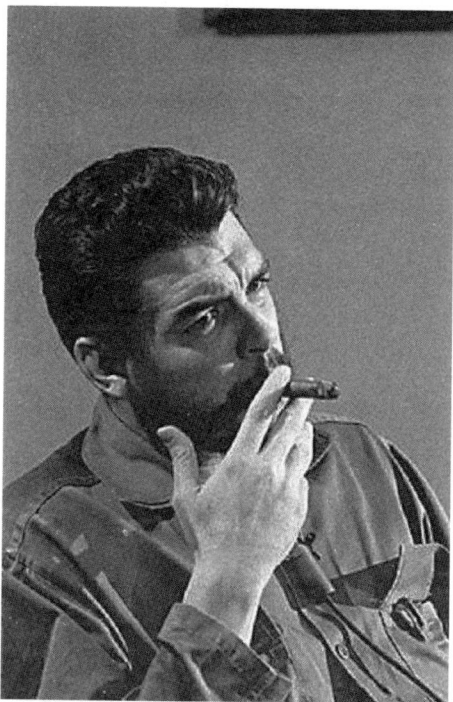

◇ 切·格瓦拉

国的老师都受到动员，去到全国各地开展教育工作。因此，全国人民的识字率在很短时间内就达到了95%之高。同样，医疗事业也在格瓦拉的改革下得到全面振兴。他所做的事业，功在千秋。举个例子说，古巴的出生婴儿死亡率仅为千分之4.8，仅仅比强大的美国低一点点而已！"

有一件事，巴塔在心里打算了很久，那就是——跟卢拉在古巴再举行一个婚礼。他甚至连地点都选好了——哈瓦那！

"不是我放弃了这个想法啊，而是我的身体太不中用了！"他可怜地说道。

巴塔曾经与菲德尔·卡斯特罗会面，两人见面时握手拥抱，谈笑风生，也成了一时佳话。

## 我的心不听话了

　　这一颗永恒的心、伟大的心，曾经在 2006 年 10 月 17 日的清晨，背叛了巴塔。他的心彻底停止了跳动。

　　"急救车首先把我送到了急救中心，然后又把我转到了'德蒂纳'中心，交到了博什科·朱卡诺维奇医生的手里。他曾经在休斯敦的医院进修过。很奇怪，那几天我一点不舒服的感觉都没有，一切发生得非常突然。那天我正在塞尔维亚社会党的代表大会上跟人激烈讨论着呢，忽然间，我的心脏很痛，我用手捂住了心。"

　　医生比巴塔本人还要害怕。医生们考虑立即动手术。但是，在拍完片做完扫描之后，医生们放弃了手术。

　　如果不是每一件小事都是那么传奇的话，巴塔或许也不会成为如此传奇的人。

　　一位年轻人把他推进病房。

　　巴塔问他："有人允许你这样做了吗？"

年轻人问道："允许什么？"

"拖拉机啊！孩子，你别那么颠我啊。"巴塔在开玩笑，但是年轻人一点都不觉得好笑。

巴塔的心脏安装了两个支架。在昏迷期间，巴塔的妻子卢拉和儿子米利科一直陪在他的身旁。

"我在医院里可以自由走动，我觉得我力气很足，没有那么快就死去。我想尽早出院，因为在医院里实在太无聊了。但是医生警告我：

'你可以回家休养，但是在你出院之前，我们还得给你做一次手术，那大概安排在20天以后。'"

那不是开玩笑的。之前的手术，原来只是一点小小的前菜。

11月末，医生给巴塔做了个"真正的"手术。根据医生的话，这个手术很复杂。这一手术进行了四个半小时。

对于巴塔来说，这是一场殊死搏斗！

而他本人，是这样理解这场搏斗的重要性的。

在进手术间之前，他问朱卡诺维奇医生：

"当你给我做手术的时候，我可以抽烟吗？"

"可以啊！"医生尽管这样回答他，但是在开刀动手术之前，巴塔早就被麻醉了。

但是，医生依然给他递了一根烟。

十几天之后，卢拉和米利科来接巴塔出院。欢送巴塔的，还有一大群病友。其中一位女士热情地向巴塔问道：

"巴塔先生，您感觉怎么样啊？"

"我好得不得了啊！"巴塔一边回答她，一边潇洒地戴上一顶蓝色的帽子。

他的病友们不舍得他离开，依依不舍地看着他，他轻声地对大家说：

"安静点，我哪都不去，我把来看望我的人送到门口去！"

在门口聚集了大群记者，他们端着相机。

"您现在准备做什么？"

"我要做我一直在做的事。"

他的确在做他一直在做的事：两三个星期之后，他又带着朋友们去到了"三顶帽子"餐厅，听着音乐，喝酒聊天，一直到第二天清晨破晓。

巴塔啊！

他还继续拍戏。他给德拉戈斯拉夫·拉兹奇的电视剧《农民》拍了新年特辑。

"人们看着我，就像我是从鬼门关跳回来的一样。当我是天上掉下来的灵魂。有的人还哭了。连我也哭了。他们的感情感染着我。我告诉自己：我还想演戏！我要继续。我在生活中，没有其他的事情可干。到我死的那一刻，我还是演员。"

巴塔说，后来他自己在想：我打过多少发子弹，扔过多少颗炸弹，"杀死"过多少个德国兵？都忘了吧。如果还需要发起一次攻击——巴塔仍将勇往直前。

在生活中，巴塔真的没有别的事情可干了吗？

"我从来无法找到答案。我已经放弃了这样的想法。可以这样，也可以那样。但是，往事没有办法再改变了。我愿意这样去想。"

在迎接 2007 年新年的时候，卢拉往家里搬来一棵圣诞树。

"在树下，我们许了几个愿望：去古巴、去温暖的地方、去叶莲娜那里；巴塔的挚友，克罗地亚演员德沃尔尼克也会过来探望他；继续电视剧《农民》的拍摄；等待竞选活动；签新的电影片约。"

巴塔对自己和家人保证，会继续听从自己的内心。

巴塔从来都听从自己的内心。但是，他的心却背叛了他。

"2008 年 7 月，在拍摄《农民》时，当时非常热——我又搞砸了。他们立刻把我送到了朱卡诺维奇医生那里，他给我做了局部麻醉，给我安装了新的支架，我马上又回到了工作岗位。"

心是会开玩笑的。但是，它也会鼓励人奋发图强。那么，我们继续前进！

## 再一次战胜病魔

2012 年 6 月 3 日的夜里，巴塔一个人在电视机前坐了很久。他在看电影，一直到了凌晨 3 点钟。卢拉让他去休息，因为第二天他们约了人见面。

第二天，他醒来了，但是全身无法动弹。

"我把左腿放到地上，但是我的腿没法用力。"

卢拉立马就意识到发生了什么。急救车把巴塔送到了圣萨瓦医院。做完 CT，很快就确认巴塔中风了，而且情况比较严重。医生对卢拉说，巴塔的情况非常危险，让她做好一切心理准备。

"以兰卡·托多罗维奇为首的医生和护士们，是我的救命恩人，他们一直支持着我。他们对我很好，这家医院无疑是巴尔干最好的医院！"巴塔在回忆这次病发时如此说道。

很多人想来看望巴塔，给他问候与支持。

"一周之间过去之后，我依然感觉身体不太舒服，但是我仍然接见了十来位看望我的人。我的女神、我的守护神、我的英雄——卢拉对他

212

◇ 永不分离的卢拉和巴塔，2016 年 3 月。摄影师：米尔科 · 塔巴舍维奇

们说:'全部都出去!'她甚至把我的手机都关掉,电话都拔掉了。"

每一天卢拉都在家里把饭菜准备好,给巴塔送到医院来。

叶莲娜从古巴回到塞尔维亚,让巴塔感到特别高兴。女儿在身边,他感到精神百倍。

卧床三周之后,医生认为巴塔的情况已经稳定下来了,说这位伟大的战士,现在可以"撤退"了。巴塔开着玩笑说道:

"我早就跟你们说过我要撤退了。我现在连冲锋枪都拿不动啦!"

医生们都说,巴塔的性格非常乐观,这样的心态有助于他克服疾病。巴塔在病痛面前,从不退缩。

来探望巴塔的人们,给巴塔带来水果和果汁。甚至,有的中国朋友,千里迢迢,从中国给他寄来书信和照片,向他致以问候,可见中国的朋友们百般关心"瓦尔特"。

看到巴塔身体消瘦,医生感到担心。巴塔跟他的医生开起玩笑说:"我才不担心体重掉多少斤啊,我担心的是掉选票啊。"

医生们对他说:

"人民对一个人如此关心,在铁托过后再也没有过了!"

巴塔患有多种疾病,包括心脏病、糖尿病等等,还遭遇过中风。由于他的病情不断加剧,圣萨瓦医院的医生们不得不把他转到了军事医疗学院继续治疗。在那里,巴塔接受了系统的治疗,情况得到好转。好转之后,巴塔又转移到了"塞尔塔斯温泉"进行疗养。

巴塔是 2012 年 8 月 21 日被转移到军事医疗学院的。在这之前,他曾在索科巴尼斯卡进行康复治疗,不过在那里仅仅待了四个小时,他就返回了圣萨瓦医院。

后来他被送到姆拉德诺瓦茨的"塞尔塔斯温泉"进行疗养。

巴塔说："还不错的，我感觉回到了自己的地方，回到了朋友们的身边。"

姆拉德诺瓦茨的"塞尔塔斯温泉"，离他在科拉契察的房子，仅仅五公里路程。

早在二十多年前，巴塔就曾在此处温泉治疗背部的伤病。

但是，巴塔的病情始终没有好转，反而发起了高烧，血压飙升。仅仅疗养了一周之后，巴塔又被送回了圣萨瓦医院。

整整四个月以来，巴塔从一家医院被转到了另一家医院，在医院之间来回奔波着。直到 10 月底，他才终于回到了自己的家。

"我太开心了！我再一次战胜了病魔！"

没过多久，他再一次生病入院，之后又被送到了姆拉德诺瓦茨的疗养院进行疗养。

这个时候已经是 12 月份了。

他收到了人们从世界各地给他寄来的电报、书信和慰问信，来自前南斯拉夫各地、美国、澳大利亚、中国等国家的影迷朋友，不断向他致以问候。

"坚持住啊，传奇人物！""你永远都是最强大的，现在也是！""你成功打败了侵略的敌人，再次雄起吧！""我们所有人都是瓦尔特！""巴塔，不要放弃，我们永远站在你身旁！""你是南斯拉夫最好的演员之一，一定要挺住！"

人们就是这样陪伴着巴塔，鼓励着他，深爱着他。

## "瓦尔特"，朋友再见！

2013 年，巴塔在塞尔塔斯疗养院度过了新年和圣诞节[①]。他正在逐渐康复，情况良好。卢拉日日夜夜陪伴在他身边照顾着他。

除了卢拉，还有很多人陪在巴塔左右。

"治疗师斯拉沃柳卜·维兹马尔有的是一双妙手。虽说他'折磨'了我，但是，在一月下旬，我可以自己站着了。我能重新走路了！这听起来很好笑，好像很孩子气，这岂不是一件轻松简单的事情吗？"

但是，经历过两次中风、心脏病发、休克、疼痛、注射、吃药、不断转移医院、各种奔波之后，这不再是件轻而易举的事了。

卢拉是怎么说的呢？握着他的手，照顾他，守候他。

"那时候，就连在我睡觉时，她也陪在我身旁！她现在才悄悄地对我说：'那年是我们生活中最为艰难的一段时间！'"

---

① 塞尔维亚的东正教圣诞节是每年的 1 月 7 日。

那年是灾难的 2012 年。

但也是奇迹的一年，拯救的一年。

"在我康复之后，卢拉给米利科和叶莲娜寄照片，孩子们看到照片后，都不相信：'妈妈，这是后期处理的照片吗？难道爸爸真的能走路和骑自行车了？'"

巴塔要接受医生和物理治疗师的治疗，不得不错过了两件大事：一件是错过关于他本人的纪录片《瓦尔特》的首映式，另一件是错过了年轻导演叶莲娜·巴伊奇的电影《冰》的首映式。在电影《冰》当中，巴塔演了一个又好又特别的角色。

◇ 巴塔在家中

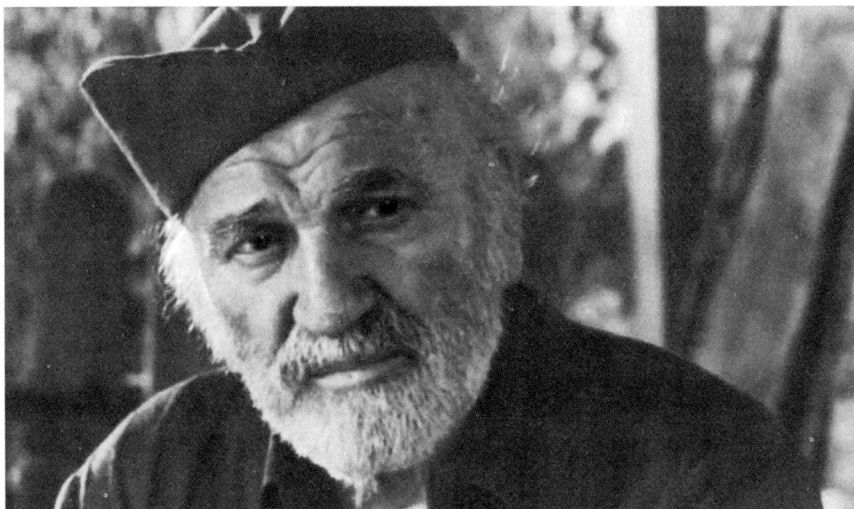

◇ 巴塔的最后一部电影。电影《冰》剧照

"谁说这是我的最后一部电影了？谁说的？是谁在瞎说？我还得继续演下去！"

当巴塔的理疗师帮助他练习骑车的时候，理疗师给他扶着车，对他说："巴塔，慢点来。"

"我自己可以，不要把我弄倒了，之前我是装死的。你就以为我已经死了好了！"巴塔说。

2月底，巴塔回到了自己温暖的家。

6月8日那天，是巴塔的80岁生日，女儿叶莲娜想给他庆祝。虽然没有太多的亲戚朋友来参加巴塔的生日聚会，但依然把坐落在克斯玛依山上的一家叫做"托马和纳达家"的咖啡馆堵得水泄不通，所有的人陪巴塔一起吹熄了80支蜡烛。聚会上，还有美妙的歌声——电影《传奇》中的歌者梅里玛·聂戈米尔和伊万的小别墅正好就在咖啡馆附近。

除此以外，到场的还有第三位热爱歌唱的人，当时塞尔维亚共和国政府的总理——伊维察·达契奇。

"无论我在哪里，他都经常来看我，来看我时，从来不摆架子。他是一个很好的人，是我真正的朋友。"

80大寿的寿星巴塔，既开心，又难过。

难过的是他的子女米利科和叶莲娜没有回来。

有很多人给他打电话祝寿。

"我孩子的教父——德拉戈斯拉夫·拉兹奇还说给我一个新的角色……但是我对他们说，我暂时还没有这样的打算，现在就接受角色的话，太早了。"

"我最喜欢的是这一最后的角色——我正在表演的，是我真正的生活！"

生活的角色，很难演。

生活这场戏，同样很难演。

但是，不管是生活的角色还是生活的表演，巴塔始终没有放弃。

往后的几年，尽管身患疾病，行动困难，巴塔依然接见各种客人，接受各种访问，给观众朋友传递各种信息，甚至还拍了一些短小的视频。

这就是他的生活，他不断地生活在某种不平静、某种搏斗、某种欲望、某种笑容、某种希望当中。

但他永不言弃。

不过，一个人的生命的长度，早有注定。

2016年4月底，巴塔的健康状况急转直下。贝尔格莱德的两家医院的医生们努力维持巴塔的生命。医生们担心巴塔的坏疽有毒，最终还是把巴塔的坏腿截掉了。

很可惜，这一次，病魔的力量，比药物和生命的力量更加强悍。

5月22日22：45，伟大的演员巴塔去世了，享年83岁。

在电影荧幕上，巴塔曾经死去过35次，而每一次他都活了过来。这一次，是巴塔生命中唯一的一场败仗。

整个塞尔维亚，都被巨大的悲伤笼罩住。从来没有过一件事，比巴塔的逝世，更让前南斯拉夫各国人民团结。各地的人，都带着敬爱的感情送别了巴塔。前南斯拉夫各国的人，都把巴塔看作是自己的同胞。因为巴塔给每个国家的人，奉上过至少一部让他们整个民族感到骄傲的电影作品。

巴塔葬在了贝尔格莱德"新公墓"里面的荣誉墓区里。

时任塞尔维亚总理武契奇在6月23日发表的唁电中表示，巴塔在塞尔维亚电影史上留下了难以磨灭的印记，他的逝世不仅是塞尔维亚电影界，同时也是受到"瓦尔特"激励的几代人的重大损失。巴塔所在的塞尔维亚社会党当时的政党领袖，塞尔维亚共和国外交部部长伊维察·达契奇说道："瓦尔特永垂不朽！"

巴塔身后留下了一座丰碑——350部电影，把所有的胶片首尾相接的话，长度可以达到5万千米。也许，巴塔本身就是一座丰碑。

他是楷模，是偶像，更是传奇。

## 巴塔：中塞民族友谊的见证者

2015 年年底，巴塔的行动已经不太方便了，身体也变得虚弱，但依然接受了中国国际广播电台的访问，回答了十几个问题。

其中一个问题是："您去过很多次中国了，哪一次的经历是最特别的呢？"

"第一次和最后一次……我第一次与中国的相遇，是非常感性的，我可以说是对中国'一见钟情'。所以我们后来多次回到中国。中国的朋友首先让我感受到的是他们的真诚，对我的尊敬和对我的好意。我认为那是中华民族的传统美德，让我的家庭和我的民族非常受感染。对我自身来说，最后一次去中国，感觉很像美国电影《回到未来》。中国的经济有了巨大的发展，实现了让人叹为观止的科技奇迹，所以我们去到中国，感觉就像去到了别的星球。而最美好的，是中国人还保持着原来的样子，热情而谦逊，继续秉持着自己的民族美德。这就说明，中国人性格中有着坚韧的力量，而他们的道德修养，又是非常的高。"

巴塔想对中国的朋友们说：

"全世界的目光，聚集在了你们的国家和人民身上。你们努力信守的理念和美德，是世上最美好的事物，是全世界的希望。你们向全世界显示，存在着更加人道、更加平衡的发展道路。在当今世上，很多的民族已经忘却了人性的基本价值，如民族之间的互相团结、互相尊重和互相理解。你们的人民，没有把这些价值抛诸脑后。我非常荣幸，在45年以前就成为了中国人民的朋友，我很荣幸能够把我的爱和敬意传达给中国人民。也许，这正是我内心的渴望。"

对于中国电影和电影行业的发展，巴塔有这样的看法：

"近些年，我和中国的同事们保持着密切合作，互相交换想法和经验。我唯一感到遗憾的，是我们没有成功完成一部合作作品。我希望我们的后辈们能够完成这样的使命，因为我们有很大的合作潜力。塞尔维亚电影获得过很多国际奖项，这样的卓越成绩能够说明很多问题。现在，中国的电影业发展迅猛，在世界上也占据了领先地位。其制作水平，达到了好莱坞级别，有时甚至比好莱坞水平还高。在中国的第五代导演当中，我最喜欢的是张艺谋和陈凯歌，他们的电影具有很高的专业水平，很有感染力，体现了他们极高的天赋。演员当中，我最喜爱的是巩俐和李保田。"

2016年初，巴塔接受了中国高级军事代表团颁发的奖章。

尽管巴塔的身体已经很虚弱了，但他还是应邀出演了2016年2月18日在第38届塞尔维亚国际旅游展开幕式上播放的、塞尔维亚政府为了吸引中国游客而拍摄的旅游宣传片。在这部宣传片中出镜的，还有另一位深受中国人民喜爱的塞尔维亚人——诺瓦克·德约科维奇。

"我很高兴将会有更多的中国游客来到塞尔维亚，感受我们的好客之情。"深受中国人民喜爱的"瓦尔特"如此说道。

可惜的是，这样一位伟大的演员、中塞民族友谊的见证者，并没有能够亲眼见证两国友好的重大飞跃。2016 年 6 月 17—20 日，中国国家主席习近平携 200 人代表团，对塞尔维亚进行了正式的国事访问。期间，两国代表签订了 22 项合作协议，体现了塞尔维亚在中国"一带一路"倡议中的重要地位。目前中国在塞尔维亚投资了数量众多的基础设施建设项目，其总值高达 30 亿美元。

中国国家主席习近平在访问塞尔维亚期间，在讲话中提到了《瓦尔特保卫萨拉热窝》和《桥》两部电影以及电影《桥》的主题曲《啊！朋友再见》，他说："《瓦尔特保卫萨拉热窝》、《桥》等南斯拉夫电影曾在中国热映，激荡人们的爱国情怀，伴随着我们这一代的青年时期。"再一次显示出巴塔在中国是多么的受欢迎。

今天，如果"瓦尔特"看见中国和塞尔维亚之间的友好合作，也许会感到欣慰吧。

# 附
### 录

## 巴塔年表

∗ 1933 年 6 月 5 日

在塞尔维亚亚戈蒂那出生，是家里的第五个孩子。在科拉契察的乡下接受洗礼并度过了童年。

∗ 1938 年　5 岁

在家乡克拉契察上小学。四年级时全家搬至贝尔格莱德，因战乱，多次转学。

∗ 1947 年　14 岁

认识导演索菲亚·索娅·约万诺维奇，开始进入贝尔格莱德的"科尔斯曼诺维奇"剧团从事剧务工作，初涉表演世界。

∗ 1948 年　15 岁

考入尼什表演学校，二年级转学诺维萨德表演学校，1952 年以满分成绩从诺维萨德表演学校毕业。同年进入铁托格勒剧院工作。

*1954 年　21 岁

经过三次考试，成功考入贝尔格莱德戏剧学院。

*1955 年　22 岁

第一次出演电影，作品名称为《库姆巴拉的歌声》。

*1957 年　24 岁

3 月 8 日，加入南斯拉夫共产党，因三次缺席会议，1958 年被组织开除。

认识尤里安娜·杜山诺维奇（昵称"卢拉"）并开始恋爱，1960 年 8 月 28 日，二人步入婚姻殿堂，婚后育有一子一女。

*1959 年　26 岁

出演韦利科·布拉伊奇导演的电影《没有时刻表的火车》，凭借在此片中的精彩演出，获得业内人士和观众们的广泛认可。从此之后，他陆续拿到主演角色，正式开始漫长的电影生涯。

*1962 年　29 岁

凭借电影《科扎拉》获南斯拉夫普拉电影节最佳角色奖和最受观众喜爱的演员奖。从此，巴塔成为南斯拉夫国内外电影节和颁奖典礼的常客。在普拉电影节上，巴塔与铁托结识，成为铁托好友。

*1969 年　36 岁

拍摄电影《桥》。1977 年，北京电影制片厂译制本片并在中国上映，受到广大中国观众喜爱，其主题曲《啊，朋友再见》至今仍广为传唱，成为中国最受欢迎的电影插曲之一。

与著名的好莱坞演员理查德·伯顿合作拍摄电影《内雷特瓦战役》，结识理查德·伯顿和伊丽莎白·泰勒。该片荣获第 42 届奥斯卡最佳外语片提名。1973 年，与理查德·伯顿再次合作拍摄《苏捷斯卡战役》。上述两片都是具有国际影响的"二战"大片，曾先后被译制成中文在中国上映。

**∗1972 年　39 岁**

拍摄电影《瓦尔特保卫萨拉热窝》，1973 年，北京电影制片厂译制本片并在中国上映，引起轰动，四十余年经久不衰。

**∗1978 年　45 岁**

拍摄电影《瞬间》，本片被认为是巴塔最重要的电影作品。同年凭借此片，在莫斯科国际电影节上荣获最佳男演员奖。

**∗1979 年　46 岁**

访问上海，这是巴塔第一次来中国，到 2010 年 5 月，现身上海世博会，共计来华十余次。

**∗1990 年　57 岁**

在家乡科拉契察加入塞尔维亚社会党，是该党最早的党员之一，党员编号 15 号。同年，当选塞尔维亚国会议员，之后，担任国会议员达 13 年之久。

**∗1993 年　60 岁**

得到了尼什电影节终身成就奖——"斯拉维察奖"。他还是"斯拉维察奖"的最后一位获得者，因为从 1994 年起，该奖改名为"帕夫莱·武伊西奇奖"。

**∗2000 年　67 岁**

在俄罗斯卡卢加举办的"金骑士——斯拉夫东正教国际电影节"上，获得了终身成就奖——"谢尔盖·邦达尔丘克奖"。

＊2002 年　69 岁

8 月被塞尔维亚社会党推举参加总统竞选。最后以失败告终。2003 年，退出政治舞台。

＊2005 年　72 岁

为了纪念巴塔的 50 年电影生涯，第四十届电影尼什电影节为他颁发了"君士坦丁大帝奖"。

＊2006 年　74 岁

10 月 17 日，因心脏骤停入院，接受手术治疗。

11 月与好友克罗地亚著名演员、电影《桥》扎瓦多尼饰演者博里斯·德沃尔尼克在病床上通话，萨格勒布的电视台采用现场连线方式进行实时报道，在塞尔维亚和克罗地亚引起广泛关注，被认为是塞、克两族和解的标志性事件。

＊2012 年　79 岁

拍摄最后一部电影《冰》。

6 月中风入院，12 月再次入院。

＊2013 年　80 岁

获得了塞尔维亚电影艺术科学院所颁发的终身成就奖——"水晶棱镜奖"。

6 月 8 日，庆祝八十大寿，塞尔维亚共和国政府总理伊维察·达契奇到场。

＊2015 年　82 岁

2 月 15 日，塞尔维亚国庆节期间，总统托米斯拉夫·尼科利奇为巴塔颁发了金牌，以表彰他在文化活动方面的卓越成就。

＊2016年　83岁

为2月18日第38届塞尔维亚国际旅游展开幕式录制中文视频，欢迎中国游客前往贝尔格莱德旅游。这是他最后一次参与公共活动。

5月22日，在塞尔维亚贝尔格莱德圣萨瓦医院因病去世。

# 出版者的话

　　我们对于这一本"韦利米尔·巴塔·日沃伊诺维奇的传记"的原本构思，与读者现在看到的实际成书，是有区别的。由于各种环境因素的作用，我们最终选择了现在的形式。

　　于是我们推出了一本传记书。

　　一本肖像书。

　　一本向巴塔这位伟大演员致以崇高敬意的书。

　　本书的内容，贯穿了巴塔60年的职业生涯的生活，从他步入话剧表演开始，说到他演的电视剧，最后再到他演的最多的电影。我们都知道，巴塔演过350个不同角色，他的这一卓越成就，可以说是前无古人后无来者。

　　本书可以算是一本作家和记者的合著，作者们对电影艺术和文化有着专业的认识。

　　大量的图片素材，使得本书图文并茂，也是本书的一大特色。

长期以来，本书的作者们经过与巴塔本人对话和对巴塔家人的采访，积累了这些素材。对此，我们出版社对巴塔的妻子卢拉和巴塔的家人所给予的大力帮助，致以衷心的感谢。

在本书的写作过程当中，作者们还运用到了影视素材以及文字档案素材。这些素材分别取自于《政治报》、《战斗报》、《晚报》、《新闻周刊（NIN)》、《时代报》、《政治速报》、《彩虹报》、《电视新闻报》、《激情报》、《信使报（克罗地亚)》、《解放报》、《闪光报》、《信使报（塞尔维亚)》、《希望报》、《ALO 报》、《周刊》、《新闻》、《日报》、《自由的达尔马提亚》等其他文字媒体。

伟大的导演韦利科·布拉伊奇为本书作序，表达了对巴塔的怀念之情，在此我们对布拉伊奇导演表达诚挚的感谢。

本书的手稿，准备了一年多的时间。2016 年 4 月付梓印刷。不久之后，传来了巴塔病危入院的消息。4 月 27 日，本书的印刷正式开始，5 月 9 日印刷完成。当本书正式上市时，传来了悲痛的消息：韦利米尔·巴塔·日沃伊诺维奇于 5 月 22 日与世长辞。

本书的中文版本在内容上略有补充并吸收了部分中文报刊的内容，但与塞尔维亚语原版保持了高度一致。

## 中文版致谢

本书在出版过程中，得到了来自中塞两国的大量支持和帮助。中国文字著作权协会代理了本书版权，为本书的顺利出版做了大量工作。塞尔维亚文化与媒体部原部长、著名小提琴家伊万·塔索瓦茨先生，塞尔维亚文化与媒体部国务秘书阿西娅女士和中国驻塞尔维亚大使李满长先生对该书版权引进和翻译出版给予了很大支持。南斯拉夫电影博物馆为本书提供了大量珍贵图片。彭裕超先生为本书提供了准确、高质量的译文，并承担了大量资料收集工作。在此一并致谢！

还要特别感谢崔永元先生。他在百忙之中欣然为本书做序，并拿出了自己收藏多年的照片、电影海报等珍贵资料供本书选用，更为我们提供了《电影传奇》中关于巴塔的影像资料，为本书增色不少。

人民出版社

2017 年 8 月

责任编辑：毕于慧

装帧设计：王欢欢

责任校对：吕　勇

技术支持：李　麒

## 图书在版编目（CIP）数据

永远的"瓦尔特"——巴塔传／（塞）拉德米拉·斯坦科维奇等 著；
　彭裕超译 . —北京：人民出版社，2017.8

书名原文：Bata

ISBN 978－7－01－017948－3

I. ①永… 　II. ①拉…②彭… 　III. ①巴塔－传记 　IV. ① k835.435.78

中国版本图书馆 CIP 数据核字（2017）第 174823 号

永远的"瓦尔特"

YONGYUAN DE WA'ERTE

——巴塔传

[塞] 拉德米拉·斯坦科维奇等 　著　彭裕超 　译

人民出版社 出版发行

（100706　北京市东城区隆福寺街 99 号）

北京中科印刷有限公司印刷　新华书店经销

2017 年 8 月第 1 版　2017 年 8 月北京第 1 次印刷

开本：710 毫米 × 1000 毫米 1/16　印张：16

字数：128 千字

ISBN 978－7－01－017948－3　定价：48.00 元

邮购地址 100706　北京市东城区隆福寺街 99 号

人民东方图书销售中心　电话：(010) 65250042　65289539

版权所有·侵权必究

凡购买本社图书，如有印制质量问题，我社负责调换。

服务电话：(010) 65250042

本书根据 BATA–JOŠ OVAJ PUT, Copyright©2016 by Vukotic Media
翻译出版。

本书版权经由中国文字著作权协会获得。

著作权合同登记号：01–2017–1550